HAMBURGS TOR ZUM HIMMEL

100 JAHRE HAMBURG AIRPORT

Hamburger Abendblatt edition

LIEBE LESERINNEN UND LESER

Wer ein Synonym für die Freie und Hansestadt Hamburg sucht, stößt mit Sicherheit auf das „Tor zur Welt". Gemeint ist damit der über 800 Jahre alte Hafen, der gemessen am Containerumschlag nach Rotterdam und Antwerpen der drittgrößte in Europa ist, der achtgrößte weltweit und neuerdings auf dem Weg, sich zur beliebtesten deutschen Anlegestelle für die internationale Kreuzfahrtflotte zu entwickeln. Hamburg und der Hafen sind eins, schon immer gewesen.

Dass die Hansestadt sich aber seit fast 30 Jahren auch mit dem Titel „drittgrößter Standort der zivilen Luftfahrt weltweit" schmücken kann (nach Seattle und Toulouse), ist für viele Menschen überraschend. Allerdings klingt „drittgrößter Standort der zivilen Luftfahrt weltweit" längst nicht so gut wie „Tor zur Welt". Dabei hat die Luftfahrtindustrie in Hamburg eine jahrzehntelange Tradition und ist inzwischen zu einem der wichtigsten Faktoren für die wirtschaftliche Entwicklung der „Metropolregion Hamburg" geworden – im Gegensatz zum Schiffbau, dessen Bedeutung leider kontinuierlich immer weiter abnimmt. Airbus, Lufthansa Technik und Hamburg Airport sind dabei die drei tragenden Säulen dieses Wirtschaftszweiges, der unverdrossen boomt und insgesamt rund 37 000 Menschen beschäftigt. Wussten Sie übrigens, dass Hamburg Airport der älteste Flughafen der Welt ist? Und einer der ganz wenigen internationalen Airports, die seit ihrer Gründung ihren Standort nicht gewechselt haben?

Vor 100 Jahren, am 10. Januar 1911, ist „Hamburgs Tor zum Himmel" als „Luftschiffhafen" auf sumpfigen Wiesen, in unmittelbarer Nachbarschaft zum damaligen Dorf Fuhlsbüttel, gegründet worden. Heute gilt der nach jährlichen Passagierzahlen zwar „nur" fünftgrößte deutsche Flughafen jedoch als einer der modernsten Airports der Welt. Die neuen Terminals und die Airport Plaza genießen weltweite Anerkennung als zukunftsweisende Flughafenarchitektur, die Verkehrsanbindung an die City über Schiene und Straße ist vorbildlich, und das in einem Jahrhundert voller Höhen und Tiefen gewachsene Know-how in den Bereichen Flughafen- und Umweltschutzmanagement wird von der Flughafen Hamburg GmbH bereits seit vielen Jahren national und international erfolgreich vermarktet.

Der runde Geburtstag dieser bedeutenden Hamburger Institution sollte nicht nur, nein, er muss gefeiert werden. Das Hamburger Abendblatt will seinen Teil dazu beitragen, indem es in diesem Buch die spannende und wechselvolle 100-jährige Geschichte des Hamburger Flughafens erzählt, die sehr eng mit der Entwicklung der Deutschen Luftfahrt verknüpft ist. Dabei werfen wir einen ebenso unterhaltsamen wie informativen Blick hinter die Kulissen eines komplexen Hightech-Unternehmens. Ich lade Sie ein, „Hamburgs Tor zum Himmel" einmal ganz genau vom Boden aus kennenzulernen. Und wer weiß, vielleicht sind Sie ja danach „ready for take off!"

Herzlichst

Ihr Claus Strunz
Chefredakteur des Hamburger Abendblatts

INHALT

Der Traum vom Fliegen	8
1911–1919 EIN HOLPERIGER START	12
Die Ära der Zeppeline	24
1919–1926 ZEIT FÜR HELDEN	28
Pioniere der Luftfahrt	40
1926–1932 EIN ACKER WIRD ZUM LUFTKREUZ	44
Die Geschichte der ersten Luft Hansa	54
1932–1945 FUHLSBÜTTEL IM 3. REICH	60
Bedeutende Konstrukteure	72
Die Geburt der neuen Lufthansa	76
1945–1955 NEUSTART	84
Die Lufthansa Technik	94
Wartung am Hamburg Airport	100
Up, up and away: Boxenstopp	102
1953–1960 HAMBURGS TOR ZUM HIMMEL WIRD AUSGEBAUT	104
Celebrities am Hamburg Airport	116
1961–1983 DER MASSENTOURISMUS EROBERT DIE LUFT	122
Stewardess – Traumberuf mit Schattenseiten	132
Die Flugsicherung	138
Hamburg Airport Zeitsprünge	142
1983–2008 WACHSTUM UND WETTBEWERB	148
Luftfracht am Hamburg Airport	160
Die Feuerwehr	166
Michael Eggenschwiler im Gespräch	168
Preisgekröntes Umweltmanagement	172
Der Aufstieg von Airbus	176
Duty-Free-Einkauf in der Plaza	184
Der Zoll	186
DIE ZUKUNFT WELCOME TO AIRPORT-CITY!	188

Am 15. September 2007 landete der Airbus A380 zum ersten Mal in Hamburg. Das größte Passagierflugzeug der Welt war Ehrengast der „Airport Days", und einige der Besucher dürften sich angesichts seiner 500 Tonnen gefragt haben: Wie kann dieser „Super-Jumbo" überhaupt fliegen? Auch wenn das Fliegen inzwischen zum Alltag gehört, empfinden wir diesen Triumph über die Schwerkraft noch immer als Wunder.

DER TRAUM VOM FLIEGEN

VON IKARUS ZUM MOTORFLUG

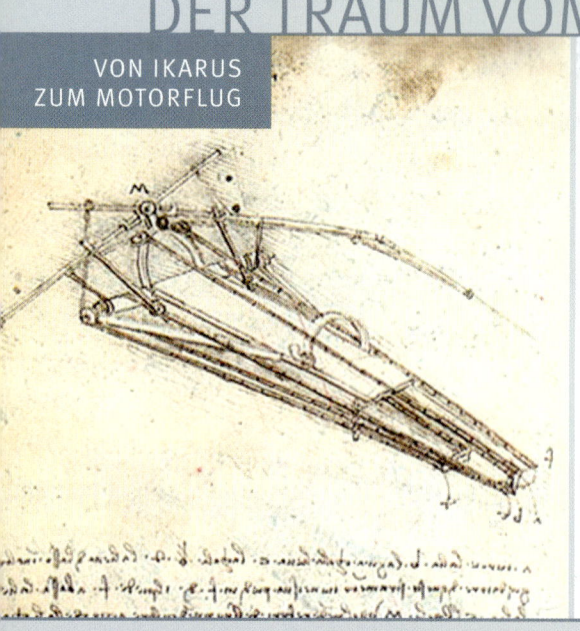
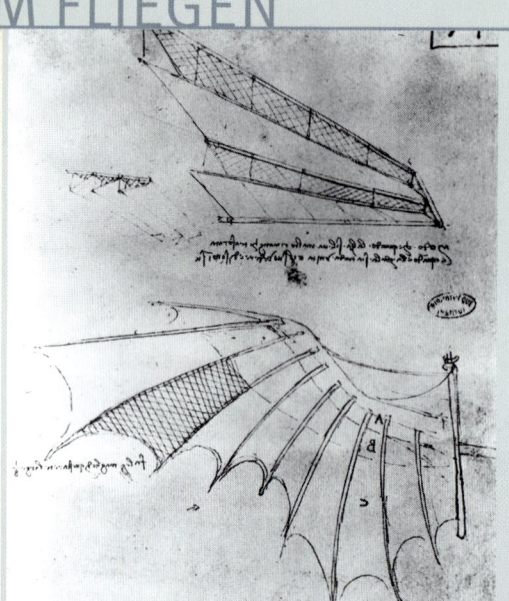

Die Schwerkraft existierte natürlich auch schon im 15. und 16. Jahrhundert, aber Leonardo da Vinci kannte diesen Begriff noch nicht. Wahrscheinlich war das italienische Multitalent (1452–1519) der erste Mensch, der sich mit dem Problem des mechanischen Fluges ernsthaft beschäftigte. Er konstruierte mehrere Schwingflügelapparate, die sich in ihrer Form anfangs an den Fledermäusen, später an den Vögeln orientierten. Aber die Kraft der waghalsigen Schwingenflieger reichte nicht einmal für einen Gleitflug, sodass alle Probanden abstürzten und die meisten von ihnen ums Leben kamen.

Als bekanntester deutscher Schwingenflieger ging Albrecht Ludwig Berblinger (1770–1829), der „Schneider von Ulm", in die Geschichte ein. Nachdem er jahrelang an seinem Hängegleiter gewerkelt hatte, riskierte er am 31. Mai 1811 eine öffentliche Vorführung vor Tausenden von spöttischen Ulmern sowie einigen Mitgliedern des württembergischen Königshauses. Doch über einer kalten Wasseroberfläche herrschen nun einmal Fallwinde vor, und er stürzte wie ein Stein in den Fluss. Seit 1986 weiß man jedoch aufgrund eines wissenschaftlichen Experiments, dass Berblingers Fluggerät mit der richtigen Thermik grundsätzlich imstande gewesen wäre, an einem Hang zu fliegen.

1811

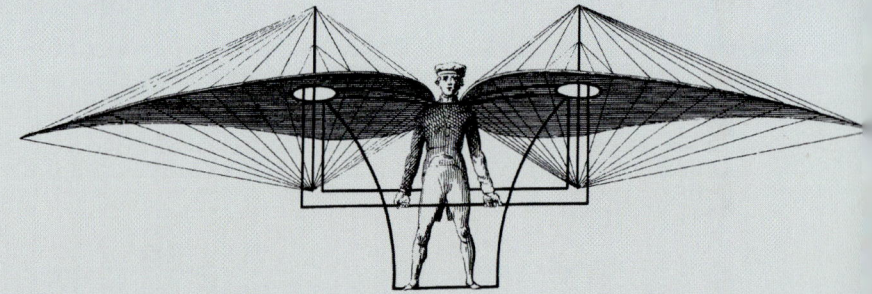

1843

Die beiden englischen Ingenieure William Samuel Henson und John Stingfellow konstruierten mehrere funktionsfähige Gleiter nach Cayleys Plänen. Sie waren der Überzeugung, dass ohne einen richtigen Antrieb das permanente Fliegen nicht möglich sei. 1843 ließ Henson daher den Entwurf eines Dampfflugwagens patentieren. Sein langfristiges Ziel war die Gründung einer internationalen Fluggesellschaft, der „Aerial Transit Company". Doch der entscheidende Test im Jahre 1847 ging schief: Ungenügender Auftrieb bei zu geringer Geschwindigkeit sowie das zu große Gewicht des Motors bei gleichzeitig zu schwacher Leistung führten zu einer kapitalen Bruchlandung.

1853

Mit dem englischen Gelehrten Sir George Cayley (1773–1857), der sein Anwesen, Schloss Brompton Hall in der Grafschaft Yorkshire, sein Leben lang nicht verlassen sollte, stellte sich ein Umdenken ein. Cayley entdeckte, dass nicht der Flügelschlag, sondern der Gleitflug Vorbild für den mechanischen Flug sein müsse. Bis heute gilt er daher als „Begründer der Aeronautik", der erstmals die drei Grundfaktoren des Fliegens definierte: den Auftrieb, den Vortrieb und die Steuerung. Sein Kutscher flog mit einem seiner Modelle über eine Strecke von 275 Metern, bevor er abstürzte. Obwohl unverletzt, reichte er mit den Worten „Sir George, I wish to give notice. I was hired to drive, not to fly!" („Sir George, ich möchte bemerken, dass ich zum Fahren angestellt wurde und nicht zum Fliegen!") seine Kündigung ein.

1783

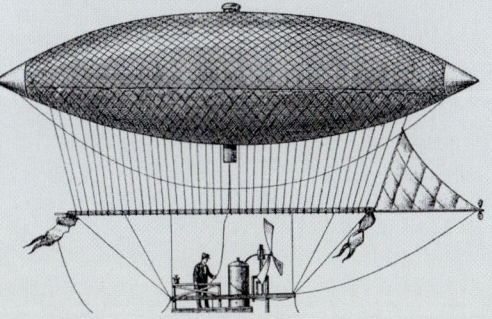

1852

Der Heißluftballon der Gebrüder Montgolfier stieg am 4. Juni 1783 bis auf fast 2000 Meter Höhe und wurde etwa zwei Kilometer weit vom Wind getragen, bevor er zu Boden sank. Die Brüder dachten, dass der Rauch des Feuers für den Auftrieb gesorgt hatte – und nicht die aufsteigende warme Luft. Im Jahre 1852 konstruierte der Franzose Henri Giffard erstmals einen lenkbaren Gasballon.

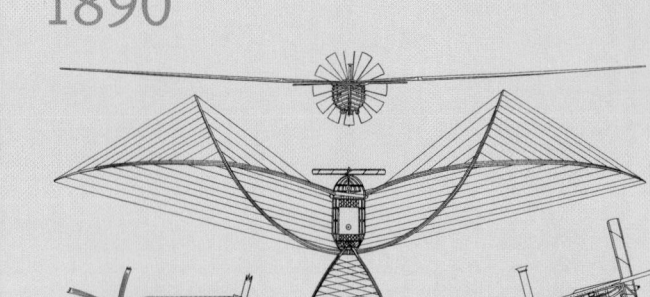

VON IKARUS ZUM MOTORFLUG

Im Jahre 1878 baute der französische Marineoffizier Felix du Temple ein Eindeckermodell mit Tragflächen in V-Stellung und einem Heißluftmotor. Ein mutiger Matrose testete dieses „Flugzeug". Die Maschine rollte einen flachen Hang hinab und machte immerhin einen kurzen Sprung in die Luft. Dem Elektroingenieur Clément Ader, ebenfalls ein Franzose, gelang mit seiner „Eole", einem fledermausähnlichen Flugzeug, das er am 9. Oktober 1890 auf dem Gelände des Château Pereire in Armainvilliers testete, ein etwa 50 Meter langer „Hüpfflug", wobei er für Sekundenbruchteile „Höhen" von bis zu 20 Zentimeter erreichte. Und der amerikanische Elektroingenieur Sir Hiram Stevens Maxim baute während eines Englandaufenthalts einen riesigen Flugapparat mit zwei 180-PS-Maxim-Heißluftmotoren mit je einem Zweiblatt-Druckpropeller von 5,44 Meter Durchmesser. Die Spannweite betrug 31,7 Meter, die Flügel und das Höhenleitwerk besaßen insgesamt eine Fläche von 371,6 Quadratmetern. Der Koloss ging bei seiner ersten Erprobungsfahrt im Jahre 1894 zu Bruch.

Der deutsche Maschineningenieur Otto Lilienthal (1848–1896) erkannte die entscheidenden aerodynamischen Vorteile von gewölbten Flügeln. Seine Erkenntnisse fasste er 1889 in dem Buch „Der Vogelflug als Grundlage der Fliegekunst" zusammen, das für die nachfolgende Generation der Flugzeugpioniere fast so etwas wie eine Bibel war. Zwischen den Jahren 1891 und 1896 unternahm Lilienthal etwa 2000 Flüge in 16 verschiedenen Gleitern. Doch Lilienthal konnte seine Fluggeräte nur durch Gewichtsverlagerung stabilisieren und die Flugrichtung nur sehr geringfügig verändern.

Am 9. August 1896 erfasste eine Windbö den Gleiter, die Strömung riss ab, Lilienthal stürzte aus einer Höhe von zehn Metern ab und brach sich das Rückgrat. Anderthalb Tage später erlag er seinen schweren Verletzungen in einem Berliner Krankenhaus. Kurz vor seinem Tod soll er noch gesagt haben: „Opfer müssen gebracht werden."

1899

Vielleicht war es ein Deutscher, dem der erste Motorflug bereits vor den Gebrüdern Wright glückte: Denn dem Grubenarbeiter Gustav Albin Weißkopf, einem begnadeten Tüftler oder Scharlatan oder beides, der nach Pittsburgh ausgewandert war, soll bereits im Jahre 1899 mit einem dampfgetriebenen Flugzeug mit zwei Propellern der erste bemannte Flug gelungen sein, der jedoch nach etwa einer Meile mangels einer funktionierenden Steuerung mit einem Crash an einer Hauswand endete. Leider existiert kein optischer Beweis von diesem Erstflug, sondern nur die eidesstattliche Versicherung seines damaligen Copiloten Louis Darvarich vom 19. Juli 1934.

1903

Wenige Tage vor dem Erstflug der Gebrüder Wright unternahm der Bauingenieur, Mathematiker, Astronom und Sekretär des „Smithsonian Instituts" in Washington D.C., Samuel Langley, zwei bemannte Flugversuche mit seiner „Great Aerodrome", die bereits eine Art Sternmotor mit radial angeordneten Zylindern und eine Spannweite von 14,63 Metern besaß. Doch beide Versuche, über den Potomac-Fluss zu fliegen, endeten im Wasser.

1903

Die Gebrüder Orville (1871–1948) und Wilbur Wright (1867–1912), die trotz ihres Altersunterschieds von fünf Jahren wie eineiige Zwillinge funktionierten, hatten endlich ein System entwickelt, mit dem sie ein Fluggerät um alle drei Achsen steuern konnten. Der Durchbruch gelang ihnen mit ihrem „Flyer Number Three": Orville Wright hatte die Idee, das Seitenruder, wie schon das Höhenruder, beweglich zu machen. Der erste kontrollierte Motorflug der Geschichte startete am 17. Dezember um 10.35 Uhr und dauerte gerade mal zwölf Sekunden. Doch erst mit ihren Schauflügen in Europa sorgten die Wrights für Schlagzeilen in der Weltpresse und lösten die Hochkonjunktur im Flugzeugbau aus.

1911–1919

EIN HOLPERIGER START

1911–1919

Die Luftschiffhalle in Hamburg wurde im Januar 1912 in Betrieb genommen. Sie bot zwei Zeppelinen von maximal 150 Meter Länge Platz.

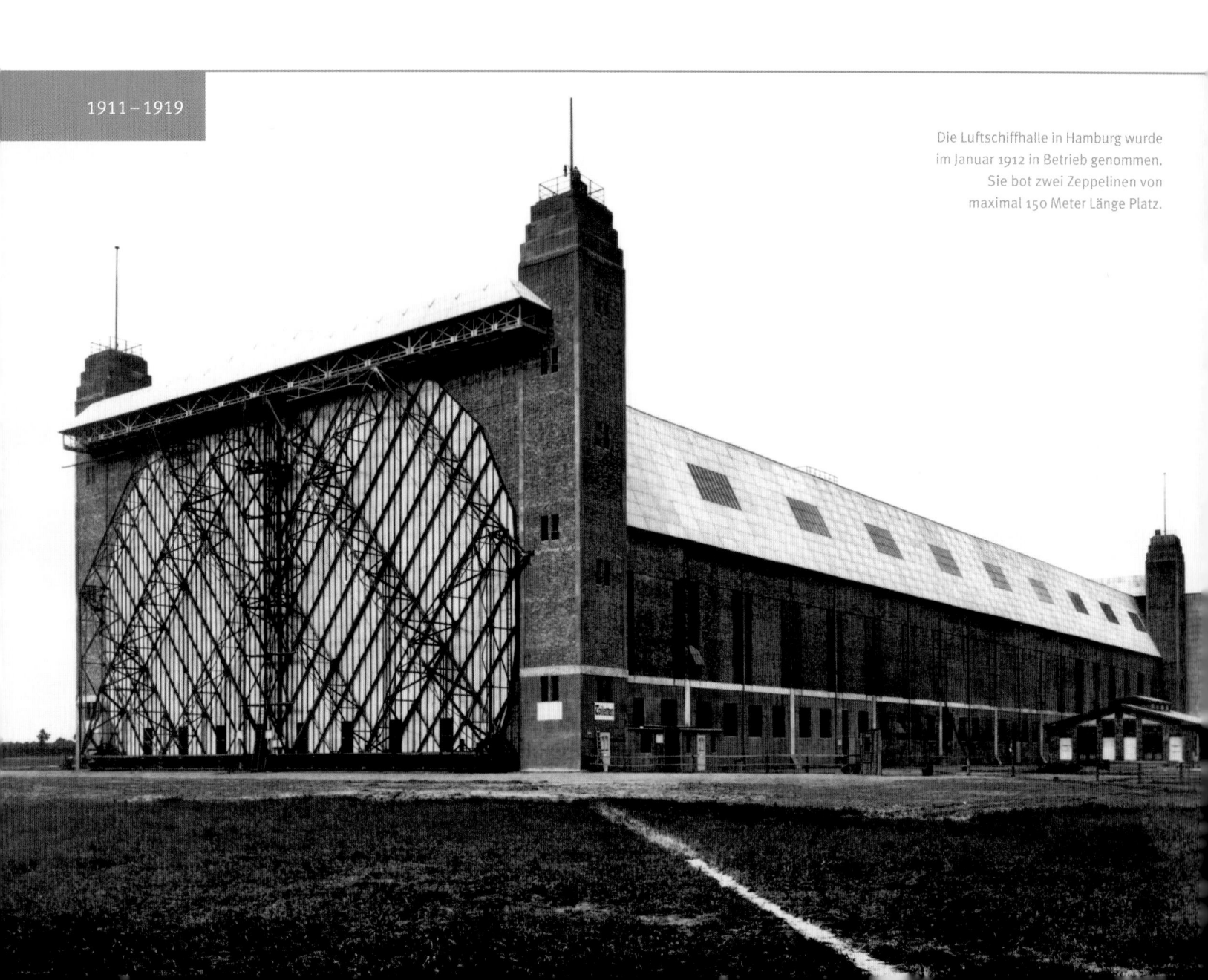

EIN LUFTSCHIFFHAFEN WIRD GEGRÜNDET

Vor allem reden konnte er, dieser Ferdinand Graf von Zeppelin, der vom Luftschiffvirus infiziert war, seit er während der Belagerung von Paris im Jahre 1863 die waghalsigen Ballonfahrten französischer Soldaten beobachtet hatte, die auf dem Luftwege Nachrichten aus der umzingelten Stadt herausgebracht hatten. Und eine Vision hatte er auch, die er nun schon 20 Jahre mit sich herumtrug.

Der Kavallerieoffizier, unverwechselbar durch seinen buschigen, weißen Schnauzbart und die Schirmmütze, war im Jahre 1890 mit 52 Jahren vorzeitig aus dem Militärdienst ausgeschieden, um sich fortan ernsthaft nur noch mit seinem Lebenstraum zu beschäftigen: der Entwicklung „seines" Luftschiffs. Am 13. August 1898 hatte er ein Patent für einen „lenkbaren Luftfahrzug mit mehreren hintereinander angeordneten Tragkörpern" (Kaiserliches Patentamt, Patentschrift No. 98580) erhalten. Dieser grobe Entwurf eines „Starrluftschiffs" beinhaltete einen Gasraum (aufgeteilt in mehrere zylindrische Zellen), eine Steuerungsmöglichkeit (mithilfe von Höhen- und Seitenrudern), zwei voneinander getrennte, fest mit dem Gerippe verbundene Gondeln, einen Vortrieb durch Propeller (montiert auf Höhe des größten Luftwiderstandes) sowie die Möglichkeit, mehrere solcher Luftschiffe wie Eisenbahnwaggons aneinanderzukoppeln. Die ursprünglichen Pläne für solch ein „starres", lenkbares Luftschiff hatte der Graf aus Baden von einer Dame namens Melanie Schwarz gekauft, der resoluten Witwe des ungarischen Erfinders David Schwarz, der im Jahre 1897 ausgerechnet am geplanten Tag der Jungfernfahrt seiner Erfindung auf dem Bürgersteig vor seiner Wohnung plötzlich starb.

Seit dem ersten Aufstieg seines „LZ 1" am 2. Juni 1900, der nach 18 Minuten mit einer Bruchlandung geendet hatte, hatte der Luftpionier vom Bodensee mit mehr als einhundert unfallfreien Passagierfahrten seiner Nachfolgemodelle eindrucksvoll bewiesen, dass die gasgefüllten „Zeppeline" tatsächlich eine Zukunft besitzen könnten: als schnelles, zuverlässiges Transportmittel für Reisende, Post, Fracht und nicht zuletzt auch fürs Militär – warum nicht sogar bis nach Afrika, in die deutschen Kolonien? Was zu diesem Zeitpunkt jedoch in erster Linie fehlte, waren ein – zunächst noch innerdeutsches – Streckennetz sowie eine Linienfluggesellschaft.

HAMBURGS REEDER TREIBEN DIE LUFTSCHIFFFAHRT VORAN

Am 16. November 1909 wurde mit finanzieller Beteiligung der Städte Frankfurt am Main und Düsseldorf sowie der Luftschiffbau Zeppelin GmbH die DELAG, die Deutsche Luftschifffahrts-Aktiengesellschaft, gegründet. Sie verfügte über ein Grundkapital von drei Millionen Reichsmark und war die erste Fluggesellschaft weltweit. Doch auch in anderen deutschen Großstädten wuchs das Interesse an diesem revolutionären Verkehrsmittel, von dem man sich im Gegensatz zu den filigran anmutenden Flugzeugen in jener Zeit einen höheren Nutzwert versprach; mochte dieser verrückte Franzose Louis Blériot

1911–1919

auch den Ärmelkanal überflogen haben. So manche Stadt begann überhastet, aber voller Begeisterung, Millionen in die Erschließung und den Bau von Luftschiffhäfen zu investieren, ohne zu diesem Zeitpunkt die Sicherheit zu besitzen, ins kommende DELAG-Liniennetz eingebunden zu werden.

In Hamburg packte man die Sache schlauer an, lenkte mit kühler hanseatischer Zurückhaltung die Euphorie in vernünftige Bahnen und versuchte, das notwendige Kapital für einen Luftschiffhafen von denen zu kriegen, die es besaßen: den gutbetuchten Pfeffersäcken nämlich, die durch den klassischen Hafen reich geworden waren. Und es war ausgerechnet ein erfolgreicher Hamburger Reeder, der dafür sorgen wollte, dass „seine" Stadt im zukünftigen Luftverkehr ja nicht den Anschluss verpasste: Albert Ballin, der dank seines kaufmännischen Weitblicks sehr schnell begriffen hatte, dass der kommende Luftverkehr zu einer weiteren Expansion der hamburgischen Wirtschaftsinteressen beitragen würde, hatte in seiner „Hamburg-Amerika-Linie" für die Entwicklung der „Luftschifffahrt" sogar schon einen eigenen Geschäftsbereich gegründet: „Hamburg muss sofort die Schritte tun, um sich die Stellung als Zentrale für die Eroberung der Luft über dem Meer zu sichern", lautete die Forderung des Reeders, die in der Bürgerschaft, in der Handelskammer, in der Börse und in den Kontoren der Handelshäuser längs der Hafenkante (was im Grunde nicht voneinander zu trennen war) gehört und weitergetragen wurden. Überdies „besäße Hamburg ein großes Einzugsgebiet und würde sich darüber hinaus auch hervorragend als Ausgangspunkt für arktische Expeditionen eignen". Das waren starke Argumente der „kaufmännischen Senatoren", denen sich die DELAG eigentlich nicht verschließen konnte.

Anstatt jedoch bei der Stadt oder gar der DELAG um Subventionen zu betteln, wollten Ballin und die anderen Initiatoren Tatsachen schaffen und den Hamburger Luftschiffhafen nebst Halle mit privaten Mitteln errichten: Am 5. März des Jahres 1910 begann unter der Schirmherrschaft des luftfahrtbegeisterten Prinzen Heinrich von Preußen in Hamburg eine Tagung „zur Förderung der allgemeinen Luftschiffahrt". Als Ehrengast – und als solcher wurde er von der höchstrangigen Delegation, die Hamburg aufzubieten hatte, auch am Dammtorbahnhof in Empfang genommen – erschien selbstverständlich der „Graf vom Bodensee", der berühmte „Luftschiffkonstrukteur" und „Stolz Deutschlands", wie es Hamburgs Erster Bürgermeister Max Predöhl bei seiner Tischansprache während eines Galadiners im Hause des Reeders (und Bürgerschaftsabgeordneten) Edmund J. A. Siemers, ausdrückte. Ferdinand Graf von Zeppelin revanchierte sich für die warmen Worte, indem er am nächsten Vormittag in der Handelskammer vor der hanseatischen Kaufmannschaft in einer mitreißenden Ansprache für die Zukunft seiner Zeppeline warb und gleichzeitig an „die edle Opferbereitschaft der Hanseaten zugunsten der Luftschiffahrt" appellierte, denn „die Hansestadt soll sich auch auf diesem Gebiet eine Spitzenstellung erobern"!

Fortan hieß das Motto: „Zeppelinhalle in Hamburg". Ein Anteilsschein kostete 1000 Reichsmark, und schon am nächs-

Häufig steckten die „Aeroplane" bis zu den Achsen im sumpfigen Boden und mussten mit vereinten Kräften flottgemacht werden. Die ersten Fluglotsen verließen sich auf ihre Augen und Ohren. Mit dem Anschluss der Straßenbahn konnten die Passagiere den Flughafen auch ohne eigenen Pkw erreichen.

ten Tag – welch ein Zufall! – erschien in allen Hamburger Zeitungen der gemeinsame Aufruf mehrerer prominenter Hamburger wie etwa Albert Ballin, Edmund Siemers, dem Juristen Dr. Rudolf Mönckeberg und dem Bankier Max Warburg, die der hamburgischen Geschäftswelt den Erwerb dieser Anteilscheine dringend empfahlen, deren Erlös dem Bau einer Luftschiffhalle in Hamburg dienen sollten – womit letztendlich auch der wissenschaftlich-technische Fortschritt unterstützt würde. Dass man von der Luftschifffahrt langfristig auch finanziell profitieren wollte, bedurfte keiner besonderen Erwähnung. Kurze Zeit später waren bereits Anteilscheine für mehr als 600 000 Reichsmark gezeichnet worden. Am 10. Januar 1911 – dem offiziellen Geburtsdatum des heutigen Hamburg Airport – konstituierte sich daraufhin die „Hamburger Luftschiffhallen GmbH" (HLG).

Für die Erschließungs- und Entwicklungskosten des neuen Luftschiffhafens butterte die Stadt dann doch noch 119 500 Mark dazu. Denn das vorgesehene Gelände, das „einsam abseits" vom eigentlichen Hamburger Stadtgebiet lag –, westlich der Alster und nördlich der „Borsteler Rennbahn", nahe dem verträumten Dörfchen Fuhlsbüttel, wo noch ein Nachtwächter seine Runden drehte und dessen Bewohner zumeist in ländlicher Arbeitstracht ihrem Tagwerk nachgingen –, war so sumpfig, dass zunächst zahlreiche Entwässerungsgräben gezogen und Hunderte von Pfählen fürs Hallenfundament eingerammt werden mussten, bevor die eigentlichen Bauarbeiten beginnen konnten. Die Eisenteile für die Halle wurden in Schuten

über die Bille zum Isekai an der Heilwigstraße transportiert und von dort auf Lastwagen hinaus nach Fuhlsbüttel gefahren. Parallel zur Luftschiffhalle entstanden Werkstätten, ein Gasflaschenlager sowie Unterkünfte für Mannschaftsdienstgrade und Offiziere.

DER LUFTSCHIFFHAFEN WIRD ZUM FLUGFELD

Nicht einmal ein Jahr nach Gründung der HLG ragte die imposante Zeppelinhalle aus der flachen Wiesenlandschaft Sie war 160 Meter lang, 45 Meter breit und 25 Meter hoch. Die Konstruktion der Stahlbaufirma Eggers & Co. aus Hamburg

Zeppelin kommt

konnte zwei Luftschiffen gleichzeitig als Garage dienen. Wenige Monate vor der Einweihung des Elbtunnels an den Landungsbrücken und fünf Jahre nach der Inbetriebnahme des Hauptbahnhofes hatte die Hansestadt einen weiteren Grundstein für ihre künftige Bedeutung als Handelsplatz und Verkehrsknotenpunkt gelegt.

Der Luftschiffhafen Hamburg nahm im Januar 1912 offiziell den Betrieb auf. Aber erst die Ankunft des brandneuen „LZ 11 Victoria Luise" am 18. Juni 1912 geriet – obwohl es ein Dienstag war – zu einem klassenlosen Volksfest. Der Begeisterungswelle für die Luftschiffe konnte sich kaum jemand entziehen, auch wenn sich nur die wenigsten die 100-Kilometer-Rundfahrt leisten konnten: Sie kostete sagenhafte 200 Reichsmark, was etwa einem Zehntel des durchschnittlichen Jahreslohns eines Arbeiters entsprach. Im Jahr darauf zählte die DELAG trotzdem 823 Passagiere in ihren beiden Luftschiffen „Sachsen" und „Hansa", die auf ihren insgesamt 84 Rundfahrten knapp 9000 Kilometer zurücklegten. Im selben Jahr kam auch der erste Linienverkehr zwischen Düsseldorf, Baden-Oos, Berlin-Johannisthal, Gotha, Frankfurt am Main, Hamburg, Dresden und Leipzig in Gang. Der Ausbruch des Ersten Weltkriegs am 28. Juli 1914 – das Deutsche Reich trat erst drei Tage später, am 1. August, in den Krieg ein – sollte jedoch die beabsichtigte Ausdehnung auf europäische Hauptstädte verhindern.

In diesem letzten Friedensjahr schielten aber auch die Piloten der „Centrale für Aviatik", der Fliegerschule von Carl Caspar, die am Exerzierplatz in Wandsbek beheimatet war, auf den neuen Luftschiffhafen bei Fuhlsbüttel. Wandsbek war damals noch eine eigenständige Stadt auf preußischem Gebiet und wurde erst im Jahre 1938 nach der großen Gebietsreform in die Hansestadt Hamburg eingemeindet. Carl Caspar, ein deutscher Flugpionier der ersten Stunde, hatte in jenem Jahr bereits 19 Piloten auf den Flugzeugen des ersten deutschen Motorfliegers Hans Grade ausgebildet. Einer von ihnen war der westfälische Ziegeleierbe Wilhelm Krumsiek, den die Liebe zu seiner Frau Frieda aus Wissentrup am Teutoburger Wald in den Norden geführt hatte und das Geld zur Fliegerei.

Die Luftschiffe waren sehr beliebt, aber die Starts und Landungen bedeuteten für die Haltemannschaften Schwerstarbeit.

In Carl Caspars Centrale für Aviatik wurden rund 750 Piloten für den Ersten Weltkrieg ausgebildet.

1911–1919

Krumsiek war schließlich der erste Pilot, der mit dem 40 PS starken Grade-Eindecker den 45-Minuten-Flug über die Stadt hinweg nach Fuhlsbüttel wagte – und das ausgerechnet an einem Tag, an dem ein solch schwerer Sturm über Hamburg hinwegfegte, dass „selbst die Krähen zu Fuß gingen". Fast wäre Krumsiek auf seinem Höllenritt mit einem der beiden Schornsteine des Barmbeker Krankenhauses kollidiert ...

Carl Caspar engagierte daraufhin den „Teufelsflieger" noch am selben Abend als Chefpilot und beschloss darüber hinaus, mit seiner Flugschule umzuziehen, seine Centrale für Aviatik in die Hansa-Flugzeugwerke zu verwandeln und künftig selbst Flugzeuge zu konstruieren. Er schloss einen Mietvertrag mit der HLG. Mithilfe mehrerer privater Geldgeber brachte er das nötige Kapital für Flugzeugschuppen, Werkstätten und eine Tankanlage binnen weniger Tage zusammen, während der Hamburger Senat beinahe zeitgleich einer Erweiterung des Luftschiffhafens auf 60 Hektar zustimmte. Vom März des Jahres 1913 an blieb nun der nördliche Teil des Flugfeldes den Zeppelinen vorbehalten, während sich im südöstlichen Teil die Flugzeuge tummeln durften. Etwa in der Mitte entstand ein großes Restaurant mit Biergarten, in dem die Luftschiffer, Flieger und zahlreichen Besucher für Hochbetrieb sorgten.

DIE FLIEGER GEHEN AUF REKORDJAGD

Noch aber waren die „Zigarren" die Stars. In der Bevölkerung genossen sie ein weit höheres Ansehen, da sie ihre Lufttauglichkeit bereits eindrucksvoll bewiesen hatten, während man den Flugzeugen nicht trauen wollte – oder konnte. Der Publizist Erich Lüth, in den 1950er-Jahren Leiter der Staatlichen Pressestelle Hamburg, schrieb in seinen Erinnerungen: „Rollten diese Aeroplane, wie wir sie damals nannten, zum Start, dann holperten sie über alle Unebenheiten der Weideflächen und weckten unser tiefstes Misstrauen. Fahrgestell, Kanzel des Piloten, Leitwerk und Verstrebungen wirkten armselig und völlig improvisiert. Es waren auch beileibe nicht diese windigen Gestelle aus Draht, Holz und bespannten Tragflächen aus Flügel, Rumpf und Schwanz, die uns auf den öden Acker Fuhlsbüttel gelockt hatten. Unser Lockvogel war von ungleich majestätischerem Wuchs, ein Schiff von gewaltiger Größe, das sich wie eine Feder über die Erde erhob und den runden Bug heben und senken konnte, das trotz seiner gewaltigen Abmessungen Wendungen beschreiben konnte, als wären alle Gesetze der Schwerkraft aufgehoben. Wir wussten ja schließlich, dass der große Zeppelin tausend Kilometer fern im Süden an den Gestaden des Bodensees erbaut worden war und Berge, Ebenen, Wälder und Städte überquert hatte, ehe er in Fuhlsbüttel erstmals gelandet war. Mit ihm verglichen waren die schmächtigen Doppeldecker nichts als Eintagsfliegen, die nach kurzem Aufstieg zurückzukehren gezwungen waren, während der Zeppelin Länder und Meere überspannte." Die Piloten hielten jedoch mit immer neuen Rekorden dagegen.

Nach einem Unfall bei der Betankung zweier Zeppeline brannte die Luftschiffhalle am 16. September 1916 komplett aus.

1911–1919

Wilhelm Krumsiek etwa flog mit einer „Hansa-Taube" in zehn Stunden und zwei Minuten nonstop von Hamburg nach Dresden und zurück, sehr viel schneller als vorgesehen. Die letzten zwei Stunden musste er deshalb eine Platzrunde nach der anderen drehen, weil es ja ein Rekord im Dauerfliegen werden sollte. Krumsiek landete schließlich ohne einen Tropfen Sprit im Tank als Segelflieger. Sein Chef, Carl Caspar, gewann im selben Jahr den mit 50 000 Reichsmark dotierten zweiten Preis der „Nationalen Flugspende". Das Preisgeld investierte er sofort in sein junges Flugzeugunternehmen. Insgesamt wurden in jenem Jahr in Fuhlsbüttel etwa 2000 Flüge mit einer Gesamtdauer von 245 Stunden registriert. Und der Hamburger Luftschiffhafen war dann auch als Ziel der vierten Etappe des bedeutendsten Zuverlässigkeitswettbewerbs, dem „Prinz Heinrich-Flug", vorgesehen. Auf diesem Deutschland-Rundflug über insgesamt 2600 Kilometer ließen die schneidigen Militärpiloten die vorsichtigeren Zivilisten zwar weit hinter sich. Dafür hatte aber auch keiner der „Herrenflieger" einen Unfall, während gleich vier Offiziere bei Abstürzen und Bruchlandungen ums Leben kamen, was eine frühe Fachzeitschrift zu dem Urteil veranlasste: „Wenn wir danach trachten wollen, das Flugwesen volkstümlich zu machen, muss eben der Sicherheitsgrad erhöht und die Ungefährlichkeit der Flugmaschinen bewiesen werden."

Aber auch in der Luftschifffahrt kam es zu schweren Unglücken: Der Marinezeppelin „LZ 14" wurde von einem Sturm in die Nordsee gedrückt, wobei 14 Soldaten ertranken. „LZ 18", ebenfalls ein Marineluftschiff, ging am 17. Oktober 1913 nach der Explosion eines Motors in der Luft in Flammen auf – in dem Inferno kam die gesamte Besatzung ums Leben. Die Hamburger Luftschiffhalle wurde erst ab Januar 1914 wieder von der Marine genutzt.

BETRETEN FÜR ZIVILISTEN VERBOTEN

Was dann wenige Monate später von der preußischen Militärführung großspurig als kurzfristiger „Ausflug auf den Boulevard nach Paris" propagiert wurde, erstarrte in Flandern, Frankreich und an der russischen Ostfront in einem erbitter-

Sie wurde wiederaufgebaut, musste aber dann im Jahre 1921 aufgrund der Bedingungen des Versailler Vertrages gesprengt werden.

ten Stellungskrieg. Mit dem Ersten Weltkrieg begann jedoch auch erstmals ein Kampf um die Lufthoheit über den Schlachtfeldern und den wichtigen Städten der Kriegsparteien. Zeppeline und Flugzeuge konnten schließlich Bomben abwerfen, man konnte sie zur strategischen Aufklärung einsetzen – und mit Jagdflugzeugen sollten dann solche Angriffe bereits frühzeitig abgewehrt werden.

Auf einmal benötigte man in ganz Europa Tausende von Piloten, und während alle Flugzeugfabriken ihre vorhandenen Ressourcen in die rasche Entwicklung und Produktion immer besserer Flugzeuge und luftkampftauglicher Waffensysteme steckten, wurden allein in Fuhlsbüttel mehr als 750 junge Männer von Wilhelm Krumsiek zu Militärpiloten ausgebildet, während sein Chef Carl Caspar als Bomberpilot diente. Unter den Fliegern, die hier ihre Lizenz erhielten, befand sich Friedrich Christiansen, eigentlich ein gelernter Seemann, der im Jahre 1930 als Kommandant des legendären Flugbootes „Dornier Do X" nach einem Expeditionsflug über Afrika, Nord- und Südamerika und zurück über den Atlantik weltberühmt werden sollte (sein Fluglehrer Wilhelm Krumsiek, der allein bis zum Jahre 1919 mehr als 80 000 Flüge absolvierte und dabei nur eine einzige Bruchlandung baute, starb 1966 in Hamburg im Alter von 85 Jahren).

Bewaffnete Posten riegelten nun das Flugfeld, das zum militärischen Sperrgebiet erklärt worden war, hermetisch ab. Ein hoher Bretterzaun ums Gelände sollte neugierige Blicke – von feindlichen Spionen – verhindern. Das beliebte Ausflugsrestaurant auf dem Hamburger Luftschiffhafen sollte für die nächsten knapp fünf Jahre geschlossen bleiben.

Am 16. September 1916 erhellte ein gewaltiger Feuerschein den Abendhimmel: die Luftschiffhalle brannte. Das Feuer vernichtete auch die beiden stationierten Marineluftschiffe „L 6" und „L 9". Es war durch ausströmendes Wasserstoffgas beim Nachfüllen der Zeppeline entstanden. Daraufhin kündigte das Reichsmarineamt den Mietvertrag mit der HLG. Die Betreibergesellschaft baute die Halle jedoch binnen weniger Monate aus eigenen Mitteln wieder auf und vermietete sie an die Hanseatischen Flugzeugwerke von Carl Caspar. So war dieses Kapitel Luftfahrtgeschichte schon 20 Jahre vor der „Hindenburg"-Katastrophe in Lakehurst in Hamburg abgeschlossen.

Doch auch die Fliegerei stand im Jahre 1918 mit der Kapitulation und den darauf folgenden Bedingungen des Versailler Friedensvertrages vor ihrem vorzeitigen Ende. Denn auf Befehl der Siegermächte wurde der Großteil der intakten deutschen Luftflotte ins Ausland geschafft. Den deutschen Flugzeugfabriken wurde die Produktion verboten. Die Hallen und Werkstätten der Hanseatischen Flugzeugwerke wurden daher – bis auf die Luftschiffhalle – abgerissen; die meisten der geparkten Maschinen zerstört, ihre Einzelteile zu riesigen Scheiterhaufen zusammengetragen und verbrannt. Anfang des Jahres 1919 bot der Hamburger Luftschiffhafen, der längst von den Flugzeugen in Besitz genommen worden war, ein trostloses Bild der Zerstörung.

Manchmal sind es nicht die eigentlichen Erfinder, die einer revolutionären Entdeckung ihren Namen verleihen: So ist Ferdinand Graf von Zeppelin (1838–1917) mitnichten der Schöpfer des Zeppelins. Da wären in erster Linie der Franzose Henri Giffard (1852), der Brasilianer Alberto Santos-Dumont (1899) und der Schöpfer des ersten Ganzmetall-Luftschiffs, David Schwarz (1897), zu nennen.

ZIGARREN AM HIMMEL

ZEPPELINE

Die Leistung des badischen Grafen von Zeppelin bestand darin, das bereits bekannte Prinzip des „starren Luftschiffs leichter als Luft" zu einem gebrauchsfähigen Produkt zu entwickeln. 1898 gründete er die „Gesellschaft zur Förderung der Luftschiffahrt". Zwei Jahre später, nach dem Desaster des Jungfernfluges seines Prototyps „LZ 1" („Luftschiff Zeppelin"), stand er als Unternehmer mit dem Rücken zur Wand. Eine „Zeppelin-Lotterie" rettete den Grafen vor der Pleite.

Die ersten lenkbaren „Luftschiffe" waren halbstarre Ballons. Das große technische Problem waren die schwachen, aber dafür zu schweren Motoren.

Sein Markenzeichen war der unverkennbare Schnauzbart: Graf Zeppelin, Vater der Luftschifffahrt.

Mit dem „LZ 3", in das alle noch brauchbaren Teile (des ebenfalls havarierten „LZ 2") verbaut wurden, schienen sich die Hoffnungen der badischen Konstrukteure dann endlich zu erfüllen: Denn das große Problem der starren Luftschiffe ist das richtige Verhältnis zwischen Größe, Versteifung und Gewicht. Um das Innenskelett zu tragen, ist Auftriebsvolumen, also Größe notwendig. Doch je größer ein Luftschiff ist, desto mehr Angriffsfläche bietet es den Winden. Daher muss das Innenskelett verstärkt werden, was wieder mehr Eigengewicht bedeutet, das wiederum nur durch mehr Auftriebsvolumen kompensiert werden kann. „LZ 3" legte zwar bis zum Jahre 1908 auf 45 Fahrten insgesamt rund 4500 Kilometer zurück, doch sogleich folgte wieder ein herber Rückschlag, denn „LZ 4", das vom Militär übernommen werden sollte, wurde durch einen Gewittersturm aus seiner Verankerung gerissen und explodierte. Dank einer weiteren beispiellosen Hilfsaktion der deutschen Bevölkerung kam die gewaltige Summe von über sechs Millionen Reichsmark zusammen, die es dem Grafen nun ermöglichte, die Luftschiffbau Zeppelin GmbH zu gründen und eine Zeppelin-Stiftung ins Leben zu rufen. Mit „LZ 6" begann die kommerzielle Luftschiffahrt. Bis zum Ausbruch des Ersten Weltkrieges wurden noch sechs weitere Zeppeline an die neu gegründete Deutsche Luftschiffahrt-AG (DELAG) verkauft und weitere 21 an das Militär.

„LZ 3" war der erste erfolgreiche Zeppelin und legte bis zum Jahre 1908 auf 45 Fahrten insgesamt 4398 Kilometer zurück.

Nach dem Tode Graf Ferdinand von Zeppelins übernahm der Luftschiffahrer Dr. Hugo Eckener, Sohn eines Flensburger Zigarrenfabrikanten, die Leitung des Unternehmens. Mit dem Luftschiff „LZ 120 Bodensee" sollte ab dem Jahr 1919 ein regelmäßiger Liniendienst zwischen Friedrichshafen und Berlin aufgenommen werden, doch der Versailler Friedensvertrag sah vor, „LZ 120" als Reparationsleistung an Italien abzugeben. Ein weiteres „Reparationsluftschiff", das „LZ 126 Los Angeles", überquerte im Jahre 1924 den Atlantik im Nonstop-Flug (ein britisches Luftschiff war schneller gewesen). Diese Übergabe des Zeppelins an die USA in Lakehurst war von großer Bedeutung für das internationale Ansehen der Weimarer Republik. Dazu trug auch das populärste Luftschiff aller Zeiten mit bei – das „LZ 127 Graf Zeppelin". Im Jahre 1929 umrundete es die Welt. Insgesamt absolvierte dieses Luftschiff 590 unfallfreie Fahrten und legte dabei rund 1,7 Millionen Kilometer zurück.

„LZ Graf Zeppelin" über Manhattan. Der Zeppelin galt als Werbe- und Sympathiebotschafter für Deutschland.

An Bord der Luftschiffe gab es First-Class-Service: Sogar die Brötchen wurden frisch gebacken.

ZEPPELINE

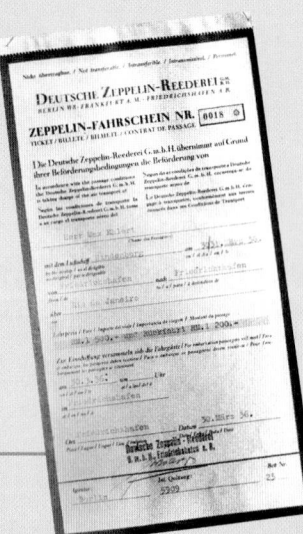

Am 22. März 1935 wurde in Frankfurt am Main die Deutsche Zeppelin Reederei GmbH gegründet. Für den interkontinentalen Nord- und Südamerikadienst waren „LZ 127" und „LZ 129 Hindenburg" (und später „LZ 130") vorgesehen, die mit einer Länge von 245 Metern und einem Durchmesser von 41,20 Metern die größten jemals gebauten Luftschiffe waren. In den Gondeln unter dem riesigen Gaskörper erwartete die maximal 72 Passagiere ein bis dahin nicht gekannter Reisekomfort: die Frühstücksbrötchen wurden täglich frisch gebacken, es gab Duschen, einen Rauchsalon (mit einem einzigen Feuerzeug!) und sogar einen aus Aluminium angefertigten Konzertflügel in der Bar, der nur 1870 Kilogramm wog.

Doch am 6. Mai 1937 fing die „Hindenburg" bei der Ankunft in Lakehurst nach der zehnten Nordamerika-Fahrt aus ungeklärter Ursache im Heckbereich noch in der Luft Feuer und brannte vollständig aus. Bei diesem einzigen Unfall eines deutschen Zeppelins nach dem Ersten Weltkrieg kamen von den 96 Passagieren und Besatzungsmitgliedern wie durch ein Wunder „nur" 36 Menschen ums Leben. Diese Katastrophe bedeutete gleichzeitig das Ende des Passagierverkehrs mit Luftschiffen, die von Wasserstoffgas getragen wurden.

Mit der Explosion der „LZ 129 Hindenburg" bei der Ankunft in Lakehurst am 6. Mai 1937 endete die Ära der deutschen Luftschifffahrt. 36 Menschen starben.

Für „LZ 130", das Schwesterschiff der „Hindenburg", konnte kein Helium aus den USA beschafft werden, obwohl Eckener dieses Problem sogar mit dem amerikanischen Präsidenten Roosevelt im Weißen Haus erörtert hatte. Die Amerikaner protestierten damit gegen die Besetzung Schlesiens und den „Anschluss" Österreichs durch die Nazis. Dem Reichsluftfahrtministerium war dies nur recht, denn Luftschiffe galten längst als zu teuer und als zu aufwendig in der Herstellung. Im Jahre 1939 wurden die letzten beiden deutschen Starr-Luftschiffe abgewrackt, ein Jahr später die Luftschiffhallen in Frankfurt gesprengt. Militärische „Prall-Luftschiffe" ohne Starrgerüst kamen dagegen bei der amerikanischen und englischen Armee als Abwehr gegen Tiefflieger noch bis in die 1960er-Jahre hinein zum Einsatz.

Moderne Luftschiffe sind halbstarre Konstruktionen, die ohne Haltemannschaften starten und landen können. Sie werden zumeist für Werbezwecke eingesetzt.

1996 begannen auf dem ehemaligen sowjetischen Militärflughafen Brandt bei Berlin die Planungen zu einem Luftschiff-System zum kostengünstigen Transport von schweren Lasten bis zu einem Gewicht von 160 Tonnen. Der „Cargo-Lifter CL 160" sollte 242 Meter lang werden, 65 Meter breit und 82 Meter hoch. Doch das Projekt kam nie über das Planungsstadium heraus, das Unternehmen stellte Ende Mai 2002 Insolvenzantrag. In der größten freitragenden Halle der Welt (sie misst 360 x 210 x 107 Meter) befindet sich jetzt ein „Tropischer Vergnügungspark". Dafür startete am 18. September 1997 der 75 Meter lange, mit Heliumgas gefüllte „Zeppelin NT" („Neue Technologie"), ein sogenanntes halbstarres Luftschiff, das sogar etwas „schwerer als Luft" ist, zu seinem Jungfernflug. Mit seinen drei 200-PS-Motoren kann es ohne Haltemannschaft aus eigener Kraft starten und bis zu zwölf Passagiere (oder neun Tonnen Nutzlast) mit einer Geschwindigkeit von bis zu 125 Stundenkilometern befördern. Derzeit wird es vor allem für Werbezwecke und Forschungsreisen eingesetzt. Bei Bedarf, so hat es die Neue Deutsche Zeppelin-Reederei GmbH bereits angekündigt, würde man bei der Friedrichshafener Zeppelin Luftschifftechnik auch größere Luftschiffe in Auftrag geben.

1919–1926

ZEIT FÜR HELDEN

DIE SCHWEREN NACHKRIEGSJAHRE

1919–1926

Am 9. November 1918 hatte Philipp Scheidemann in Berlin die Republik ausgerufen. Kaiser Wilhelm II. lebte im holländischen Exil, auf den Straßen der großen Städte tobten Straßenschlachten zwischen linken und rechten politischen Gruppen. Der „Übergangs-Reichkanzler" Friedrich Ebert konnte nur mithilfe des Militärs die Ordnung aufrechterhalten. Die Kapitulationsbedingungen des Versailler Friedensvertrages hatten großen Anteil daran, dass Deutschland wirtschaftlich am Boden lag. Die „Superinflation" hatte viele Menschen faktisch enteignet, ein Großteil der 62 Millionen Deutschen hungerte und fror, denn der Winter 1918/19 war sehr hart. Kaum jemand verschwendete einen Gedanken an die Fliegerei: Überleben war wichtiger.

Die Eliten der deutschen Flugzeugindustrie hatten sich im Zentrum des Segelflugsports auf der Wasserkuppe in der Rhön versammelt. Die Produktion und die Einfuhr von Motorflugzeugen waren von den Siegermächten offiziell verboten worden, und so begann man mit der Entwicklung neuer Hochleistungssegler und hoffte auf bessere Zeiten. Die kommerzielle Luftfahrt in Deutschland war ein Patient, der im Koma lag. Aber der Patient wurde immerhin noch künstlich beatmet: Noch während des Ersten Weltkrieges hatte die Allgemeine Elektricitäts-Gesellschaft (AEG) mit Beteiligung der HAPAG, der Zeppelin GmbH und der Deutschen Bank im Dezember 1917 die Deutsche Luftreederei GmbH (DLR) gegründet, die zunächst nur „zur Erschließung des Luftverkehrs" beitragen sollte.

Doch nun nahm die DLR als erste Fluggesellschaft der Welt bereits am 5. Februar 1919 einen planmäßigen Linienverkehr zwischen Berlin und Weimar, Sitz der Nationalversammlung, auf. Mit dem ersten Flug wurden 40 Briefe transportiert, wenig später wagten sich jedoch schon die ersten Passagiere an Bord der offenen umgebauten Militärmaschinen – Kuriere, Abgeordnete, Regierungsmitglieder, unter ihnen auch der frisch gebackene Reichspräsident Friedrich Ebert. Dick vermummt, mit Lederkappe und Fliegerbrille, hockte er zwei Stunden lang auf einem schmalen Brett hinter dem Piloten im eiskalten Wind, eingezwängt zwischen Postsäcken. Dieses zweifelhafte Vergnügen kostete als einfacher Flug 450 Reichsmark, hin und zurück 700 Mark – eine für Normalbürger astronomisch hohe Summe. Immerhin war die Fliegerausrüstung im Flugpreis enthalten sowie „die freie Beförderung mit dem Auto zum und vom Flugplatze". Ein Merkblatt machte die abenteuerlustigen Passagiere darauf aufmerksam, dass man „die Geschwindigkeit des Fluges feststellen könnte, indem man den Arm in die freie Luftströmung hielte". Im Übrigen sollte man sich wie in einem Auto benehmen. Und in der Zeitschrift „Flugsport" wurde über den Flug der Opernsängerin Claire Dux (der ersten Ehefrau von Hans Albers) von Berlin nach Magdeburg am 24. Februar 1919 vermerkt: „Auf das Wohlbefinden der Sängerin und auf ihre Stimme hat die erste Flugreise keinen ungünstigen Einfluss ausgeübt."

PASSAGIERE BENÖTIGTEN GELD UND COURAGE

Wenige Tage später, am 1. März 1919, richtete die DLR bereits ihre zweite regelmäßige Verbindung zwischen Berlin und

Für eine Passagierreise brauchte man eine gehörige Portion Mut – und vor allem warme Kleidung. Am 1. März 1919 nahm die Deutsche Luftreederei den planmäßigen Linienverkehr zwischen Hamburg und Berlin auf.

Hamburg ein; ebenfalls für 450 Mark pro geflogener Strecke. Doch der Hamburger Luftschiffhafen war, von der Zeppelinhalle einmal abgesehen, noch immer ein Trümmerfeld. Die frierenden Fuhlsbütteler hatten im Winter alles, was brennbar war, verheizt – als Erstes natürlich den hohen Bretterzaun um das 60 Hektar große Flugfeld, das sich ebenfalls in einem desolaten Zustand befand; matschig und voller Unebenheiten, was den ehemaligen Militärpiloten und ihren Passagieren in den zusammengeflickten Maschinen bei den Starts und Landungen jedes Mal eine gehörige Portion Mut abverlangte. Diesen Schneid benötigte man dann aber auch in der Luft, denn es wurde auf Sicht geflogen, zumeist an den Eisenbahnstrecken entlang, und häufig wurde den Passagieren übel. „Wenn die Erdsicht aufhört, muss der Pilot in eine nebelfreie Zone zurückfliegen und dort auf einer Wiese landen", beschrieb ein DLR-Pilot der ersten Stunde, Antonius Raab, diese Anfänge des kommerziellen Luftverkehrs. „Nach geglückter Landung musste für die Passagiere ein Pferdefuhrwerk für die Fahrt zur Bahn besorgt und der Postsack persönlich zum nächsten Postamt gebracht werden."

Im ersten Betriebsjahr wurden zwischen Hamburg und Berlin 233 Passagiere unfallfrei befördert. Die DLR-Flugzeuge legten dabei rund 155 000 Kilometer zurück. Aber zwei Strecken reichten nicht einmal aus, um die Kosten zu decken. Nach Beendigung des täglichen Flugdienstes bot die Fluggesellschaft daher Rund- und Fotoflüge an oder vermietete ihre Flugzeuge für die Flugblattwerbung – für Firmen und

Ab 1920 gab es in der Saison regelmäßige Flüge von Hamburg nach Sylt. Im ersten Jahr nutzten 143 Passagiere diesen Service, der von der späteren Lufthansa weitergeführt wurde.

1919–1926

politische Parteien. Letzteres war sogar ein recht einträgliches Geschäft, denn die Regierungskoalitionen in der Weimarer Republik waren mindestens genauso fragil wie die Flugzeuge.

Obwohl der Platz in der Luftschiffhalle schon bald nicht mehr als Hangar ausreichte und ein großer Teil der Maschinen in provisorischen Zelten gewartet und repariert werden musste, richtete die DLR im Sommer 1920 einen Seebäder-Flugdienst nach Westerland auf Sylt ein, der im ersten Jahr von 143 spendablen Passagieren genutzt wurde. Und vom 1. September desselben Jahres an war das Hamburger Flugfeld sogar Zwischenlandeplatz für die erste internationale Flugverbindung, den „Europa-Nordwestflug": Der führte von Malmö über Kopenhagen, Hamburg, Bremen und Amsterdam nach London und wurde von der „Koninklijke Luchtvaart Maatschappij", der niederländischen Königlichen Luftgesellschaft (KLM), dreimal pro Woche in Kooperation mit schwedischen, dänischen, holländischen und britischen Fluggesellschaften betrieben.

In ganz Europa begannen die Menschen, immer mehr Vertrauen zum Luftverkehr zu gewinnen. Die Flugzeugindustrie, nun von Frankreich und England dominiert, war gezwungen, Fluglinien zu gründen, denn es gab gewaltige industrielle Produktionskapazitäten, denen Tausende ausgemusterter Militärmaschinen gegenüberstanden, während der zivile Luftverkehr am absoluten Nullpunkt einsetzte. Nichts wurde jetzt dringender benötigt als eine vernünftige Infrastruktur, die den Absatz von Flugzeugen garantierte. Zahlreiche aufsehenerregende Leistungen – wie die Weltrekorde der französischen „Farman Goliath", die im April 1919 mit vier Passagieren in einer Stunde und fünf Minuten eine Flughöhe von 6300 Metern erreichte, mit 14 Passagieren 6200 Meter und mit 25 Passagieren 5100 Meter, sowie ein Nonstop-Flug in 18 Stunden und 23 Minuten von Paris nach Casablanca – bewiesen, zu welchen Leistungen die Flugzeuge bereits fähig waren. Erstaunlicherweise hatten damals im internationalen Vergleich mit den USA – dem Mutterland des Motorflugs – die Europäer die Nase vorn. Eine der wenigen amerikanischen Fluglinien verband Miami mit Nassau auf den Bahamas. Dieser „Whisky Flight" wurde fast ausnahmslos von zahlungskräftigen Passagieren gebucht, die wegen der Prohibition auch mal ganz legal Alkohol trinken wollten…

DIE GROSSE KLEINE KONKURRENZ VON DER WESER

Die Neugier lockte sonntags immer mehr Hamburger zu „ihrem Flugplatz", der ja eigentlich keiner war – und wo dennoch die Piloten mit atemberaubenden Flugvorführungen für die Luftfahrt warben: mit Punktlandungen, Scheingefechten oder dem zielgenauen Abwurf von Postsäcken. Solch einen Enthusiasmus für die Fliegerei suchte man im Hamburger Senat zu diesem Zeitpunkt jedoch vergebens, und auch die Klagen der DLR häuften sich. Die Entwicklung der Passagier- und Frachtzahlen sei zwar recht befriedigend, aber der wirtschaftliche Erfolg bleibe aus, hieß es auf Vorstandsebene:

Seit mehr als 90 Jahren besteht die Strecke Hamburg–Amsterdam, die KLM seit Beginn anbietet. Damit ist die Strecke die älteste europäische Verbindung am Hamburg Airport.

Die kommerzielle Fliegerei sei ein Zuschussgeschäft. Inzwischen hatten sich auch mehrere Regionalgesellschaften gegründet, die sich gegenseitig die (verhältnismäßig wenigen) Passagiere abluchsten. Dr. Egon von Rieben, Geschäftsführer des Marktführers DLR, benannte die existenziellen Probleme öffentlich: „Wenn wir uns auch bei Eröffnung des Luftverkehrs darüber klar waren, dass zunächst wenigstens an eine Rentabilität nicht zu denken war, so haben wir doch nicht geglaubt, dass der Unterschied zwischen Einnahmen und Ausgaben so beträchtlich sein würde ... Es ist nur möglich, für Deutschland Luftverkehr zu betreiben, wenn mit den Nachbarstaaten Verbindung aufgenommen wird. Wenn sich jetzt auch noch regionale Gesellschaften bilden, so werden die bald in jedem Land entstehen und versuchen, Industrie und Kommunen an den einzelnen Verkehrslinien zu beteiligen." Im Klartext: Ohne staatliche Subventionen würde keine Fluggesellschaft lange überleben.

Überdies wurde die Entwicklung des deutschen Luftverkehrs durch den Paragraphen 198 des Versailler Friedensvertrages stark behindert. So pochten die Siegermächte auch hartnäckig auf Demontage der Hamburger Luftschiffhalle, die schließlich im Jahre 1921 – bei laufendem Flugbetrieb – unter hohem Kostenaufwand gesprengt und bis auf den letzten Stein abgetragen wurde. Die staatliche Entschädigung für die Betreibergesellschaft HLG betrug wegen der herrschenden Inflation nur rund 5000 Goldmark. Das war natürlich viel zu wenig, um den katastrophalen Zustand des Platzes zu verbessern. Die DLR strich Hamburg daraufhin aus ihrem Flugplan und konzentrierte ihr Nordgeschäft in Bremen. Hamburg besaß jetzt nur noch eine einzige regelmäßige Verbindung: Der Deutsche Luftlloyd – ausgerechnet eine Bremer Gesellschaft – unterhielt einen Postdienst zwischen Hamburg und Magdeburg.

Die Bürgerschaft der Hansestadt an der Weser – Hamburgs eifersüchtige Konkurrentin – hatte bereits im September 1919 einstimmig elf Millionen Reichsmark für den Ausbau eines 40 Hektar großen Flughafens genehmigt. In jener Debatte hatte der Abgeordnete Georg Kuhnoth, amtierender Chefredakteur der „Bremer Nachrichten", die Marschrichtung vorgegeben: „In der Zeit, als die Dampfschifffahrt die Segelschifffahrt überflügelte, hatte Bremen nicht rechtzeitig aufgepasst. Die Folge war, dass uns Hamburg überflügelte. Das darf nicht wieder vorkommen!"

Erst die kluge Denkschrift eines Referenten des Reichswirtschaftsministeriums rüttelte den Hamburger Senat dann doch noch in letzter Minute wach: „Der Zukunftsluftverkehr auf den transozeanischen und transkontinentalen Strecken wird voraussichtlich mit Flugzeugen größerer Dimensionen betrieben werden, die einen Aktionsradius von vielen Tausend Kilometern haben", hieß es darin. „Derartige, einem Seehafen an Anlagekosten und Einrichtungen kaum nachstehende Großflughäfen werden nur an wenigen, technisch besonders günstigen Stellen entstehen. In Norddeutschland genügt wahrscheinlich ein Hafen für die Zwecke der Großluftfahrt."

Noch im Jahre 1921 genehmigten der Hamburger Senat und die Bürgerschaft erhebliche Mittel für die Instandsetzung des Platzes. Die finanzstarke Hamburg-Amerika-Linie als Anteilseigner der HLG übernahm die Flugfeldverwaltung. Schon im Herbst wurde mit der Einebnung der zerfurchten, morastigen Wiesen begonnen. Müll und Bauschutt wurden herangekarrt und mit dem weichen Untergrund verdichtet, um dem Boden mehr Festigkeit zu verleihen, als der „Bürgerbund für Hamburg-Altona-Wandsbek" plötzlich mit der Idee um die Ecke kam, die Elbinsel Hanöversand zum Großflughafen auszubauen. Diese Idee war jedoch sehr schnell wieder vom Tisch. Denn schon standen plötzlich wieder Schuppen und Hallen; Straßen und Wege wurden befestigt, Wasser-, Siel- und Elektrizitätsanschlüsse wurden erneuert, und als Krönung des Ganzen wurde vor den Hallen eine Zementfläche gegossen – ein betoniertes Vorfeld in Miniformat. Hinzu kamen ein unterirdisches Benzinlager sowie die gründliche Modernisierung der Flugsicherung (nach damaligem Standard): Auf dem Schornstein der ehemaligen Hanseatischen Flugzeugwerke von Carl Caspar wurde ein großes Leuchtfeuer mit insgesamt 96 Glühlampen installiert, das über eine Reichweite von 80 Kilometern verfügte. Die Flugaufsicht der Ordnungspolizei wurde mit sieben Beamten aus der Nähe von Lübeck auf den Hamburger Flughafen verlegt. Zwar besaß diese gern als „Luftpolizei" bezeichnete Dienststelle noch keine hoch entwickelten Instrumente, doch bei schlechter Sicht halfen den Piloten auch Rauchpatronen oder ein rasch ausgelegtes weißes Landekreuz, um den Hamburger Flugplatz zu finden. Für Starts und Landungen nach Sonnenuntergang gab es eine mobile Nachtbefeuerung, und Anfang des Jahres 1923 erhielt Fuhlsbüttel als erster deutscher Flughafen eine Funkstation. Die Funkmasten waren 45 Meter hoch, die Reichweite der Anlage war enorm: Sie ermöglichte Verbindungen mit London, Zürich, Stockholm und Warschau. Ab dem Jahr 1926 konnte man anfliegende Maschinen mit Funkpeilern orten. Bei schlechter Sicht versuchte die Flugaufsicht, das jeweilige Flugzeug, „nach Gehör" herunterzulotsen, wenn es eine Funkverbindung zum Flughafen aufnehmen konnte. Dann wurde, um sämtliche Nebengeräusche beim Abhorchen zu vermeiden, für alle Flugzeuge und Autos „Motorstille" angeordnet.

HAMBURGS ERSTER FLIEGERHELD

So wurde der Zweikampf der beiden Hansestädte um die Vormachtstellung im nordwestdeutschen Luftraum durch einen ungeheuren Kraftakt binnen 18 Monaten zugunsten von Hamburg entschieden. Die Verwaltung des Flugplatzes wurde wieder in die Hände der HLG gelegt, die sich der Stadt gegenüber jedoch vertraglich verpflichten musste, „künftig die Förderung aller den Flughafen betreffenden Fragen in den Mittelpunkt ihrer Aufgaben zu stellen".

Zu diesem Zeitpunkt, am 7. November 1922, hatte da ein gewisser Paul Bäumer mit finanzieller Unterstützung seines wohlhabenden Kriegskameraden Harry von Bühlow-

Das Hamburger Flugfeld im Jahre 1923 aus der Luft. In der unteren Mitte des Bildes gut zu erkennen: Auf der freien Fläche entsteht das Abfertigungsgebäude, das 1929 eröffnet wird.

Paul Bäumers Aero GmbH startete hoffnungsvoll in die Zukunft und verlegte sich bald auf die Konstruktion von Hochgeschwindigkeitsflugzeugen.

1919–1926

Bothkamp gerade die Bäumer Aero GmbH gegründet, die fünf Wochen später ins Hamburger Handelsregister eingetragen wurde.

Dieser Paul Bäumer, geboren in Duisburg, ein gelernter Zahntechniker und begeisterter Segelflieger, hatte sich 1914 freiwillig zum Kriegseinsatz gemeldet, um die begehrte Motorfluglizenz zu erhalten. Doch er wurde als Infanterist an die Ostfront geschickt. Nachdem er eine Schussverletzung auskuriert hatte, erhielt Bäumer einen Platz an der militärischen Flugschule in Döberitz, wo er innerhalb weniger Monate die Flugmeisterprüfung bestand – die höchste fliegerische Ausbildungsstufe. Bäumer wurde daraufhin dem berühmten Jagdgeschwader Boelcke zugewiesen, wo er binnen kürzester Zeit so berühmt wurde wie die Jagdfliegerasse Immelmann und von Richthofen – die den Krieg jedoch im Gegensatz zu Bäumer nicht überleben sollten. Doch nach der Kapitulation musste der „Pour le Mérite"-Träger wie so viele andere Piloten am Boden bleiben. Ihm war nur der Segelflug erlaubt und der Traum von einem eigenen Schnellflugzeug, das alle anderen Sportflugzeuge in den Schatten stellen würde.

Auf der Wasserkuppe traf Bäumer auf vier junge Ingenieure von der Technischen Universität Hannover (Siegfried und Walter Günter, Walter Mertens und Werner Meyer-Cassel), die einen extrem leichten Hochleistungssegler entworfen hatten, der seiner Zeit weit voraus zu sein schien. Bäumer erkannte die Begabung der jungen Männer und stellte sie ein. Wenn plötzlich ein Professor Hugo Junkers mit Erlaubnis der alliierten Kontrollkommission in Dessau Flugzeuge bauen durfte: Warum dann nicht auch ein Paul Bäumer in Hamburg?

Allerdings waren die Interessen der beiden Firmenchefs höchst unterschiedlich: Hugo Junkers hatte mit der „F 13" das erste Kabinen-Ganzmetall-Flugzeug aus Aluminium-Wellblech konstruiert (die Kabine konnte beheizt werden). Ab 1923 verschmolz sein eigener Flugdienst mit anderen europäischen Liniengesellschaften zur „Europa Union", um die verschiedenen Junkers-Modelle aggressiv vor Ort vermarkten zu können: „Luft ist überall, wo Menschen sind und wirtschaften können. Sie stellt den umfassendsten Verkehrsweg dar, den die Erde umgibt." Paul Bäumers Herz schlug dagegen mehr für die Sportfliegerei: Ihm ging es vor allem um Wettbewerb, um Geschwindigkeit und um Aerodynamik.

Der Hamburger Fliegerheld Paul Bäumer in seinem revolutionären Motorsegler „Roter Vogel".

Die Junkers „F 13" – Erstflug 1913 – war das erste Ganzmetall-Flugzeug der Welt. Das Geheimnis des roten „Sausewinds B IV" (rechts) war seine ausgefeilte Aerodynamik.

Die „F 13", angetrieben von einem 185-PS-Motor, stellte 1923 mit acht Passagieren an Bord mit 6750 Metern einen neuen Höhenweltrekord auf. In einem Erfahrungsbericht der Luftaufsicht Hamburg hieß es: „Das Junkers-Flugzeug steht wie bekannt hinsichtlich seiner Leistungen an der Spitze. Auf Grund der Beobachtungen im täglichen Verkehr kann das durchweg günstige Urteil über diese Maschine nur bestätigt werden. An den verhältnismäßig langen Start muss man sich gewöhnen, er ist allen modernen Verkehrsflugzeugen mit hoher Flächenbelastung eigen. Es haben sich niemals Start- oder Landeschwierigkeiten ergeben. Die gute Schwebefähigkeit gestattet auch bei voll belastetem Flugzeug starkes Drosseln des Motors beim Reiseflug, wodurch die Wahrscheinlichkeit zu Motorpannen sehr vermindert wird. Das hervorragende Flugzeug erfreut sich auch infolge seiner bequemen Kabine einer zunehmenden Beliebtheit bei allen Reisenden. Während in den kleinen Kabinenflugzeugen zumeist die Luftkrankheit mit allen Folgen an der Tagesordnung ist, tritt sie im Junkers-Flugzeug selten auf." Das Flugzeug war auf dem besten Wege, zu einem ganz gewöhnlichen Verkehrsmittel zu werden.

Zur gleichen Zeit entwickelte Bäumers junge, innovative Belegschaft den revolutionär anmutenden Motorsegler „Roter Vogel" auf der Basis des Hochleistungssegler „H-6": den Vorläufer des „Sausewinds", des berühmten Rekordflugzeugs, das rasanter steigen und schneller und höher fliegen sollte als alle anderen Flugzeuge jener Zeit, obwohl es lediglich von einem Wright-L4-Gale-Motor angetrieben wurde, der nicht mehr als 65 PS leistete.

Das Geheimnis des „Sausewinds" war seine Aerodynamik. Der zweisitzige Tiefdecker besaß im Gegensatz zu den klobigen Doppeldeckern keine Streben und Verspannungen mehr, sondern einen stromlinienförmigen Rumpf und eine elliptische Flügelform; die Oberflächen des Rumpfes und der Tragflächen waren darüber hinaus sauber und glatt. Mit dem „Sausewind"-Modell BII stellte Bäumer – der in Hamburg rasch zum heldenhaften Sohn der Stadt aufgestiegen war – einen Flugrekord nach dem anderen auf. Mit dem weiterentwickelten Modell BIV verbesserte er kurz darauf seine eigenen Rekorde, gewann diverse Flugrennen, flog werbewirksam druckfrische Hamburger Zeitungen in die Seebäder an der Nordsee und setzte schließlich am 10. Juli 1927 eine neue Geschwindigkeits-Bestmarke für zweisitzige Flugzeuge: Mit dem Passagier Friedrich Puls an Bord legte Bäumer eine 100 Kilometer lange Strecke mit einer Durchschnittsgeschwindigkeit von 191,199 Stundenkilometern zurück.

Doch nur eine Woche später verunglückte der Aero-GmbH-Firmenchef während eines Demonstrationsfluges in Kopenhagen tödlich. Auf dem Flughafen Kastrup, wo er seine eigenen Modelle dänischen Interessenten vorstellen wollte, hatte er sich bereit erklärt, einer türkischen Militärkommission eine „Rofix" der Rohrbach Flugzeugwerke vorzuführen. Bäumer stieg mit dem Flugzeug auf eine Höhe von 3000 Metern und ließ dann die „Rofix", die umstrittene Flugeigenschaften besaß, trudeln. Doch es gelang ihm nicht, die Maschine abzufangen. Die Rotationskräfte pressten Bäumer in den Pilotensitz und hinderten ihn daran, auszusteigen und sich mit dem Fallschirm zu retten. Die „Rofix" zerschellte auf dem Wasser des Öresunds. Hamburg stand unter Schock. Zehntausende gaben dem Flugpionier das letzte Geleit bis zum Ohlsdorfer Friedhof. Und so mancher fragte sich, was aus der Bäumer Aero-GmbH wohl noch hätte werden können, denn ohne Paul Bäumer als treibende Kraft wurde das Unternehmen flügellahm. 1931 holte Ernst Heinkel die genialen (eineiigen) Zwillinge Siegfried und Walter Günther, die kreativen Köpfe der Aero GmbH, in sein Rostocker Werk, wo die beiden Ingenieure maßgeblichen Anteil an der Entwicklung der Schnellflugzeuge wie der „Heinkel 70 Blitz" hatten. Die Aero GmbH dagegen wurde am 14. Oktober 1932 aus dem Hamburger Handelsregister gelöscht.

Nicht wenige Flugpioniere waren geradezu besessen davon, sich und der Öffentlichkeit das Unmögliche zu beweisen. Ohne diese Heldinnen und Helden, denen ihre heroischen Taten nicht selten zum Verhängnis wurden, wäre so manche Entwicklung, von der die Luftfahrt bis heute profitiert, vielleicht noch nicht einmal angedacht worden.

KEINE ANGST VORM FLIEGEN

PIONIERE

Der Maschinenbauer Hans Grade (1879–1946) war der erste deutsche Motorflieger. Er gründete im Jahre 1905 die Grade-Motoren-Werke GmbH in Magdeburg. 1907 begann er mit dem Bau seines ersten Dreidecker-Flugzeuges mit Sechs-Zylinder-Zweitaktmotor. Der Jungfernflug am 28. Oktober 1908 endete bereits nach 100 Metern mit einer Bruchlandung aus acht Meter Höhe. Ein Jahr später gewann er mit seinem selbst entwickelten Eindecker „Libelle" den „Lanz-Preis der Lüfte".

Thérèse Peltier (1873–1926) war die erste Frau in einem Flugzeug. Am 8. Juli 1908 flog die französische Bildhauerin mit dem Fluglehrer Léon Delagrange in einer Voisin-Maschine auf eine Höhe von 656 Fuß (200 Meter). Sie wollte Flugstunden nehmen. Als Delagrange – einst selbst erster Passagier an Bord eines Flugzeugs – wenig später bei einem Absturz ums Leben kam, gab sie ihre Flugträume auf.

Der französische Luftfahrtpionier Auguste Louis Charles-Joseph Blériot (1872–1936) überquerte mit seiner „Blériot XI" am 25. Juli 1909 als erster Mensch in einem Flugzeug den Ärmelkanal. Sein Flug von Calais nach Dover dauerte 37 Minuten bei einer durchschnittlichen Flughöhe von 100 Metern. Seine Pioniertat entfachte einen weiteren Begeisterungssturm für die Fliegerei.

Jorge Chávez, ein Pilot peruanisch-französischer Abstammung (1887–1910), überquerte als erster Flieger den Alpenhauptkamm in einem Flugzeug. Beim Landeversuch nach 42 Minuten in Domodossola brach das Flugzeug auseinander. Chávez wurde bei dem Absturz aus geringer Höhe schwer verletzt und starb vier Tage später. Zum Andenken an den Luftfahrtpionier erhielt der internationale Flughafen der peruanischen Hauptstadt Lima den Namen Aeropuerto International Jorge Chávez.

Max Immelmann (1890–1916), Sohn eines reichen Dresdner Industriellen, galt als „zum Fliegen geboren". Er erfand das grundlegende Prinzip des modernen Luftkampfs, indem er im dreidimensionalen Raum Höhe und Geschwindigkeit gegeneinander austauschte. Das heute als „Immelmann" bezeichnete Kunstflugmanöver ermöglichte erstmals eine schnelle Umkehr der Flugrichtung. Nach 15 Luftsiegen starb der Jagdflieger durch Beschuss der eigenen Flugabwehr bei einem Luftgefecht bei Sallaumines in Nordfrankreich.

Der englische Pilot Sir John Alcock (1892–1919) und der Ingenieur Arthur Whitten Brown (1886–1948) starteten am 14. Juni 1919 um 13.45 Uhr im kanadischen St. John's (Neufundland) zum ersten Transatlantik-Nonstopflug von West nach Ost. In einer Flugzeit von 15 Stunden und 57 Minuten legten sie mit ihrem speziell für diesen Flug umgebauten Vickers Vimy-Bomber exakt 3667 Kilometer zurück. Bei der Landung in der Nähe von Clifden in Irland stellte sich ihr Flugzeug auf die Nase, Alcock und Brown blieben jedoch unverletzt.

Hermann Köhl (1888–1938), Ehrenfried Günther Freiherr von Hünefeld (1892–1929) und der Ire James Fitzmaurice (1898–1965) überquerten als erste Flieger den Atlantik von Ost nach West, was wegen der vorherrschenden Winde und Luftströmungen als nicht machbar galt. Am 12. April 1928 hob die „Bremen", eine umgebaute Junkers W 33, im irischen Baldonnel ab – mit dem Flughafenkommandanten Fitzmaurice als Copilot an Bord – und landete nach knapp 37 Stunden Flug in Greenly Island auf Neufundland. In New York wurden die drei Pioniere mit einer großen Konfettiparade geehrt, Köhl erhielt die höchste amerikanische Pilotenauszeichnung, das „Flying Cross", wurde sogar Ehrenbürger von Chicago und St. Louis, doch seinen Job als Nachtflugleiter der damaligen Luft Hansa wurde er los, da er gegen den Willen seines Arbeitgebers geflogen war. Von Grünefeld, der bereits vorher trotz schwer angeschlagener Gesundheit ein sehr bewegtes Leben als Soldat, Spion, Diplomat und Lyriker geführt hatte, starb mit 37 Jahren an den Folgen einer Operation, Köhl mit 50 Jahren an einem Nierenleiden, das er sich durch die Fliegerei zugezogen hatte, Fitzmaurice arbeitete zuletzt als Kneipier in einem Pub.

Die Amerikanerin Amelia Earhart (1897–1939, für tot erklärt) erzielte zahlreiche Höhenrekorde, gewann viele Flugrennen und war zu ihrer Zeit das Idol junger amerikanischer Frauen. 1932, ein halbes Jahr nach ihrer Hochzeit mit ihrem Mentor, dem millionenschweren Verleger George P. Putnam, überquerte sie am 20. Mai, fünf Jahre nach Charles Lindbergh, als erste Frau den Atlantik im Alleinflug von West nach Ost. Sie wollte beweisen, dass Frauen genauso wie Männer zu technischen Höchstleistungen fähig seien. Kurz vor ihrem 40. Geburtstag verschwand sie mit ihrem Navigator Fred Noonan während ihres Äquatorfluges spurlos über dem Pazifik.

PIONIERE

Charles Augustus Lindbergh (1902–1974) gelang mit der „Spirit of St. Louis" am 20. und 21. Mai 1927 die erste Alleinüberquerung des Atlantiks von New York nach Paris ohne Zwischenlandung, wodurch er zu einer der bekanntesten Personen der Luftfahrt wurde. (Der erste Alleinflug über den Atlantischen Ozean von Ost nach West gelang am 4. September 1936 der britischen Pilotin Beryl Markham). Traurige Berühmtheit erlangte Lindberghs drittes Kind Charles III., das im Alter von zwei Jahren entführt und trotz einer Zahlung von 50 000 Dollar Lösegeld am 12. Mai tot aufgefunden wurde. Lindbergh, der politisch umstritten war, starb im Alter von 72 Jahren auf Hawaii an Lymphdrüsenkrebs. Vor wenigen Jahren erst wurde bekannt, dass er bis zu seinem Tod ein Verhältnis mit der 24 Jahre jüngeren Münchnerin Brigitte Hesshaimer, deren Schwester Marietta und seiner Privatsekretärin hatte. Aus allen Beziehungen gingen jeweils mindestens zwei Kinder hervor.

Howard Hughes (1905–1976) stellte mit seinen selbst entwickelten Flugzeugen im Jahre 1935 den absoluten Geschwindigkeitsrekord von 567 km/h auf. Auch die schnellste Weltumrundung mit 91 Stunden im Jahr 1938 brachte ihm internationale Anerkennung ein. Von den Unfallfolgen eines Crashs im Jahre 1946 erholte er sich nicht mehr. Der hohe Medikamentenkonsum veränderte sein Wesen. Dennoch schaffte es Hughes, mit seiner Firma Hughes Aircraft in die sich gerade neu entwickelnde Luftfahrt- und Rüstungselektronik einzusteigen. Howard Hughes starb als vielfacher Milliardär am 5. April 1976 in einem Flugzeug über Texas an Nierenversagen.

Elly Rosemeyer-Beinhorn (1907–2007) wurde durch ihren „Weltflug" im Jahre 1931 in einer „Klemm Kl 26" bekannt. Sie absolvierte auch während ihrer Schwangerschaft mehrere Rekordflüge, was ihr scharfe Kritik einbrachte. Am 28. Januar 1938 starb ihr Mann, der Rennfahrer Bernd Rosemeyer, bei einem Rekordversuch auf der Autobahn Frankfurt–Darmstadt. Als die Deutschen Anfang der 1950er-Jahre wieder fliegen durften, saß sie als eine der Ersten wieder in einem Cockpit. Erst mit 72 Jahren gab sie ihren Pilotenschein ab. Elly Beinhorn starb im Alter von 100 Jahren in einem Münchner Seniorenheim. Begraben wurde sie neben ihrem ersten Mann, Bernd Rosemeyer, auf dem Waldfriedhof in Berlin-Dahlem.

Umberto Nobile (1885–1978), italienischer General und Ingenieur der Elektrotechnik, wurde durch seine Polarfahrt in einem halbstarren Luftschiff gemeinsam mit dem Norweger Roald Amundsen berühmt. Bei einer zweiten Fahrt zum Nordpol, diesmal ohne Amundsen, stürzte Nobile mit dem Luftschiff in der Nähe von Spitzbergen ab, wobei zehn Expeditionsmitglieder sowie Nobile auf eine Eisscholle geschleudert wurden, neun lebend und einer tot. Der durch Knochenbrüche bewegungsunfähige Nobile wurde zehn Tage später von einem schwedischen Piloten gerettet, die anderen Überlebenden von dem sowjetischen Eisbrecher „Krassin" geborgen. An der internationalen Suchaktion nahm auch Roald Amundsen teil. Dabei stürzte er mit einem Flugzeug ab und blieb verschollen.

Lange bevor Beate Köstlin-Uhse (1919–2001) ihr Flensburger Sex-Versandhaus gründete, war die Tochter eines Landwirts eine der bekanntesten Fliegerinnen Deutschlands. Sie überführte im Range eines Hauptmanns Kampfmaschinen aus dem Flugzeugreparaturwerk von Alfred Friedrich in Strausberg an die Front. Beim Einmarsch der Roten Armee in Berlin konnte sie am 22. April 1945 von Gatow aus mit ihrem Sohn, dem Kindermädchen und weiteren vier Personen mit einer „Siebel Fh 104" bis nach Flensburg flüchten, wo dann ihre einzigartige zweite Karriere begann.

Charles Elwood „Chuck" Yeager (1923) durchbrach als erster Mensch die Schallmauer. Zwei Tage vor diesem Flug hatte er sich zwei Rippen gebrochen. Das erzählte er jedoch nur seinem guten Freund Jack Ridley, weil der ihm beim Einsteigen in die „Bell X 1" heimlich das Ende eines Besenstiels zustecken musste, den „Chuck" als Hebel verwenden konnte. Bis heute gilt Yeager als einer „der talentiertesten Piloten der USA".

1926–1932

EIN ACKER WIRD ZUM LUFTKREUZ

Mit der Gründung der Luft Hansa AG ab dem Jahre 1926 wurde die deutsche Luftfahrt auch international konkurrenzfähig.

DAS FLUGZEUG EROBERT DEN HIMMEL

Die Zahl der planmäßigen Flugbewegungen auf dem Hamburger Luftschiffhafen – der Volksmund nannte ihn schlicht „Flughafen Fuhlsbüttel" – stieg im Jahre 1924 von 5087 (im Jahr zuvor) auf 17 350. Aufgrund solcher bemerkenswerten Zahlen wurde weiter in den Ausbau des Flughafens – zunächst in die Flugzeughallen A und B – investiert. Die Halle A wurde bereits Ende 1925 fertig, die Halle B ein halbes Jahr später. In der Zeitschrift „Flugsport" wurden die Piloten vor den Hindernissen gewarnt: „Im Nordosten des Flughafengeländes (etwa 350 m nördlich der bestehenden Flugzeughalle A) ist mit dem Bau einer zweiten modernen Flugzeughalle (B) mit einer Gesamtausdehnung von 110 x 40 Meter und einer Bauhöhe von 16 Metern begonnen worden. Die Baustelle ist aus der Luft gut sichtbar und wird durch den umgebenden Bauzaun noch deutlicher gekennzeichnet!"

Inzwischen bestanden regelmäßige nationale Verbindungen nach Bremen, Kiel, Westerland, Hannover, Stettin und Frankfurt sowie international nach Kopenhagen, Malmö, Amsterdam und Rotterdam – mit direktem Anschluss nach Stockholm, Paris, Brüssel und London. Die meisten Flüge waren häufig schon zwei Wochen im Voraus ausgebucht. Wenn die großen Junkers-G-23-Flugzeuge nicht mehr ausreichten, setzte die schwedische Liniengesellschaft A.B. Aero Transport ab Malmö zusätzlich fünfsitzige Wasserflugzeuge ein, die auf der Elbe vor Teufelsbrück landeten. Es begann die Ausschreibung für ein neues Abfertigungsgebäude zwischen den Hallen A und B, in dem der Passagier- und Frachtverkehr, die Verwaltung, eine Gastronomie sowie die Unterbringung von Zuschauern unter einem Dach vereint werden sollte.

Gleichzeitig aber tobte im Himmel über Deutschland ein knallharter Verdrängungswettbewerb zwischen der „Europa-Union" des genialen Professors aus Dessau und der neuen deutschen Fluggesellschaft Aero-Lloyd, die aus der Fusion der DLR mit mehreren Regionalfluggesellschaften hervorgegangen war. Diesen Konkurrenzkampf beobachtete man im Reichswirtschaftsministerium mit zunehmend gemischten Gefühlen, denn beide Fluglinien erhielten nach wie vor staatliche Subventionen – doch beide Gesellschaften würden auf Dauer nicht nebeneinander konkurrieren können. Im Oktober sprach die Reichsregierung ein überraschendes Machtwort: Sie kündigte an, die Subventionen für die Entwicklung des Luftverkehrs ab dem 1. Januar 1926 komplett zu streichen. Damit wurden die Aero Lloyd und die „Europa-Union" praktisch gezwungen, sich zukünftig als eine deutsche Fluggesellschaft dem internationalen Wettbewerb zu stellen: Am 6. Januar 1926 wurde im Berliner Hotel Kaiserhof die Deutsche Luft Hansa AG gegründet.

DIE REICHEN HOBEN AB, DAS VOLK SCHAUTE ZU

Unfälle verliefen aufgrund der relativ niedrigen Fluggeschwindigkeit und -höhe meistens glimpflich, sie interessierten daher auch nicht besonders. In Fuhlsbüttel wurden im Jahre 1924 zwar einige Bruch- und Notlandungen registriert, doch

Das Abfertigungsgebäude aus dem Jahre 1929 diente vielen europäischen Flughäfen als architektonisches Vorbild.

1926–1932

es gab insgesamt nur vier Verletzte zu beklagen. Am 19. Juni 1925 allerdings stürzte ein alter Doppeldecker der H. C. Dehn Flugzeugwerke bei böigem Wind während eines Rundflugs über dem nordwestlichen Teil des Flugplatzes ab. Dabei kamen zwei der vier Passagiere ums Leben, ein dritter wurde schwer verletzt, während der vierte Fluggast und der Pilot nicht mal eine Schramme abbekamen.

Als weitaus dringenderes Problem wurde der Zustand des Flugfeldes angesehen. Denn je größer und schwerer die Passagiermaschinen wurden, desto häufiger mussten sie nun von den Mechanikern und der „Luftpolizei" aus dem Matsch gezogen werden. Auch wenn es nur leicht regnete, bildeten sich sofort große Wasserlachen. Die Beschwerden der Fluggesellschaften häuften sich, einige strichen Hamburg aus ihren Flugplänen und wichen nach Bremen oder Hannover aus.

Daraufhin beschloss man in der Hansestadt endlich, Nägel mit Köpfen zu machen: Die Stadt benötigte jetzt dringend einen richtigen Flughafen. Ein Architekturwettbewerb für ein modernes Abfertigungsgebäude wurde ausgeschrieben, woraufhin 112 Projekte eingereicht wurden. Der Entwurf der Architekten Dyrssen und Averhoff erhielt den Zuschlag. Parallel zu den Bauarbeiten wurden große Anstrengungen unternommen, das Flugfeld endlich auszutrocknen. Bis zum Jahre 1929 wurden mehr als 20 Kilometer Drainagerohre verlegt, die das abfließende Regen-, Schmelz- und Grundwasser zu einem Wasserspeicher in der Westecke des Flugplatzes ableiteten. Wenn dieser Speicher voll war, wurde das Wasser in die Tarpenbek gepumpt. Am 1. September 1929 konnte Hamburgs amtierender Erster Bürgermeister Carl Wilhelm Petersen das neue Abfertigungsgebäude einweihen. Seine zukunftsweisende Architektur sollte das Bild des Hamburger Flughafens bis in die Mitte der 1990er-Jahre hinein prägen – als er schon längst Hamburg Airport hieß – denn so lange blieb dieses Gebäude trotz aller Um- und Erweiterungsbauten in seinen Grundzügen erhalten. Im Grunde war es für seine Zeit sogar überdimensioniert, eine vorsorgliche Investition eben in die noch recht ungewisse Zukunft des Fliegens, die man in Hamburg jedoch auf keinen Fall verpassen wollte. Auf den Aussichtsterrassen und in den beiden „Zuschauergärten" fanden bis zu 35 000 Schaulustige Platz. Aufgrund der leicht geschwungenen Front des Backsteinbaus zum Flugfeld hin hatte man auch aus allen Fenstern des Gebäudes einen guten Überblick über den Platz.

Der Entwurf dokumentierte gleichzeitig auch das finanzielle Dilemma, mit dem alle großen Verkehrsflughäfen in den 1920er- und 1930er-Jahren zu kämpfen hatten: Mit der Verkehrsfliegerei konnte nicht genug erwirtschaftet werden, denn das Reisen per Flugzeug war trotz der hohen staatlichen Zuschüsse nach wie vor den Eliten vorbehalten. Spektakuläre Flugveranstaltungen dagegen sollten das Volk auf die riesigen Tribünen locken und Geld in die chronisch leeren Kassen spülen. Damit, aber dies war wohl nur ein frommer Wunsch, sollte auch die „Demokratisierung" des neuen Verkehrsmittels vorangetrieben werden. Die Wahrheit war wohl eine andere: Kein

Im Jahre 1930 gehörte der sumpfige Untergrund der Vergangenheit an.
Geparkt wurde auf Beton – gestartet jedoch noch von der Wiese.

Durch die leicht geschwungene Bauweise konnte man vom Flughafenrestaurant das gesamte Vorfeld überblicken. Zu Flugschauen kamen bis zu 35 000 Menschen.

1926–1932

Geringerer als der große Hamburger Baumeister Fritz Schumacher hatte vorgeschlagen, die zu erwartenden Zuschauermassen über große, getrennte Freitreppen im Eingangsvorbau zu „ihren Plätzen" zu leiten. War diese offensichtliche soziale Grenzziehung nur eine pragmatische Maßnahme, um die Abfertigung der Passagiere möglichst reibungslos zu gestalten? Oder sollte die Exklusivität der Flugreisen gewahrt werden? In einem englischen Zeitungsbericht über den spektakulären Bau war jedenfalls ganz unverblümt die Rede von verschiedenen „Klassen" gewesen, für die jeweils eigene Wege angelegt worden waren.

Unbestritten war die Vorbildfunktion, die das Hamburger Flughafen-Verwaltungsgebäude national und international erfüllte: Vom Flughafen Bordeaux-Teynac bis Paris Le Bourget; vom Liverpool Airport Merseyside bis London Gatwick und Madrid-Barajas entstanden neue Abfertigungsgebäude, die wesentliche architektonische Merkmale des Hamburger Entwurfs beinhalteten. In Deutschland fand sich die Grundidee der Architekten Dyrssen und Averhoff in den Abfertigungsgebäuden der Flughäfen Tempelhof (Berlin) und Riem (München) wieder, wenn auch in weitaus größeren Dimensionen.

HAMBURG FLOG AN BERLIN VORBEI

Der Turmaufbau des Abfertigungsgebäudes war der Flugsicherung vorbehalten, die angesichts der enormen Zuwachsraten im Luftverkehr ebenfalls dringend verbessert werden musste. Von nun an wurde der Bodenverkehr auf dem Flugfeld vom „Tower" geregelt. Bis dahin hatten „Startposten" diese Aufgabe übernommen, die vom Rollfeld aus jedem Flugzeug ganz individuell die Starterlaubnis erteilten. Jedes Flugzeug, das sich dem Flughafen wiederum näherte, wurde von diesem Startposten einem zweiten Beamten am Rand des Rollfeldes angezeigt, der daraufhin das Abfertigungspersonal mit einer Sirene alarmierte.

1929 wurden in Hamburg 15 419 planmäßige Flugbewegungen registriert. Insgesamt 28 037 Fluggäste und mehr als 600 Tonnen Luftfracht wurden abgefertigt. Für eine kurze Zeit konnten die Hamburger sogar Berlin auf den zweiten Platz verweisen. Anfang der 1930er-Jahre war der Flughafen in ein breit gefächertes, nationales und internationales Netz von Fluglinien eingebunden. Von der Hansestadt aus konnten in den Sommermonaten 80 Städte direkt und indirekt angeflogen werden. Von den täglichen rund 30 Starts und Landungen entfiel dabei etwa die Hälfte auf Auslandsverbindungen, was die Bedeutung des Hamburger Flughafens im internationalen Luftverkehr eindrucksvoll unterstrich. Die Hamburger Reeder – zum Teil selbst Anteilseigner an der HLG – machten sich inzwischen bereits Sorgen über die luftige Konkurrenz für ihre Überseedienste, denn angesichts der rasenden technischen Entwicklung schien die regelmäßige Überquerung der Meere per Flugzeug, der Sprung zu anderen Kontinenten, nur noch eine Frage der Zeit zu sein: die Briten Alcock und Brown, der Amerikaner Lindbergh (im Alleinflug) und die Deutschen Köhl

51

1926–1932

Eine Junkers „G 38", damals größtes Flugzeug der Welt, und eine Junkers „F 13" im Jahre 1930, als Hamburg kurzzeitig ein höheres Passagieraufkommen hatte als Berlin-Tempelhof.

und von Hünefeld mit dem irischen Copiloten Fitzmaurice hatten die Strecke über den Nordatlantik schließlich schon in beide Richtungen geschafft. (Die Sorgen der Reeder waren etwas verfrüht: Da diese wagemutigen Pionierleistungen ihrer Zeit weit voraus waren, trugen sie auch nur wenig zur Entwicklung der kommerziellen Fliegerei bei. Erst ab 1945 sollte ein regelmäßiger Liniendienst über den Nordatlantik aufgenommen werden.) Die äußerst luxuriösen Fernreisen, die man in den riesigen Luftschiffen unternehmen konnte – sofern man sich dies leisten konnte – spielten dagegen eine immer geringer werdende Rolle im Luftverkehr. Schließlich besaßen moderne Flugzeuge wie die Junkers „G 31" längst eine Bordküche und die gigantische „G 38" sogar eine Bar – Flugzeuge bestimmten das Bild. Deshalb wurde im Jahre 1932 die Hamburger Luftschiffhallen-Gesellschaft in „Hamburger Flughafen-Verwaltung GmbH" umbenannt. Die Stadt Hamburg sollte bis zum Jahre 1940 die Anteile an der Flughafengesellschaft schrittweise übernehmen. Mit dieser Namensänderung trat gleichzeitig auch die „Unterstützung der Luftschifffahrt" als unternehmerisches Ziel in den Hintergrund.

DIE GESCHICHTE DER ERSTEN LUFT HANSA

DER KRANICH LERNT FLIEGEN

UNTERNEHMEN
LUFTHANSA I

Die Luft Hansa richtete im Jahre 1926 bereits die erste Nachtfluglinie von Berlin nach Königsberg ein. Geflogen wurde auf Sicht – „Lichtstraßen" wiesen den Piloten den Weg.

Bereits Anfang der 1920er-Jahre existierten in der Weimarer Republik 37 zum Teil winzige Fluggesellschaften, die alle vom Staat subventioniert werden mussten. 1923 schlossen sich diejenigen Gesellschaften, die das Anfangsgeschäft dieses jungen Wirtschaftszweiges überlebt hatten, zur „Deutschen Aero Lloyd AG" zusammen, die von Anfang an die Zusammenarbeit mit ausländischen Gesellschaften suchte. Die Junkers Luftverkehr AG aus Dessau dagegen – einzig verbliebener, jedoch ernsthafter Konkurrent – nutzte dagegen das wachsende Auslandsgeschäft, um mit Junkers-Flugzeugen eigene Auslandsgesellschaften zu gründen. Dieser zwangsläufig ruinöse Wettbewerb wurde knapp drei Jahre später durch ein Machtwort des Staates beendet, der durch die rigorose Streichung seiner Subventionen den Zusammenschluss der beiden erbitterten Konkurrenten zur „Deutschen Luft Hansa AG" am 6. Januar 1926 mit Sitz in Berlin-Tempelhof erzwang.

Dies war der eigentliche Beginn der kommerziellen Luftfahrt in Deutschland. Sicherheit und Zuverlässigkeit standen nun an erster Stelle. Die Organisation wurde gestrafft, überalterte Modelle wurden sukzessive gegen moderne Kabinenflugzeuge ausgetauscht, und die staatlichen Behörden schufen ein strenges Flugsicherungssystem. Auf den Strecken von Berlin nach Hannover und Königsberg wurden die ersten Nachtfluglinien eingerichtet, die mit ihren Drehscheinwerfern (im Abstand von 25 bis 30 Kilometern) sowie Neonleuchten auf Hausgiebeln oder Masten (etwa alle fünf Kilometer) an „Lichterstraßen" erinnerten. Auch der neue Instrumenten-

Die Luft Hansa erarbeitete sich rasch den Ruf eines „Präzisionsbetriebes" – nichts wurde dem Zufall überlassen, vor allem das zulässige Startgewicht durfte nicht überschritten werden.

flug wurde von den Piloten verbissen geübt – und auch sehr schnell erlernt. Für den Luftverkehr war dies ein weiterer und entscheidender Schritt nach vorn. Jetzt ließen sich Flugpläne sogar im Herbst und Winter besser einhalten. Da auch die technische Entwicklung bei den Herstellern rasend schnell voranschritt, verlor die Verkehrsfliegerei ihren Saisoncharakter. Zeitgleich mit dem kontinuierlichen Ausbau des europäischen Liniennetzes schielte die Luft Hansa AG bereits nach Südamerika und in den Fernen Osten herüber.

Zu diesem Zeitpunkt existierte in Berlin-Staaken schon ein leistungsfähiges Reparaturzentrum mit einem großen Ersatzteillager. Dieser „Präzisionsbetrieb" sorgte dafür, dass die Zahl der (unfreiwilligen) „Außenlandungen" von 284 im Jahre 1928 im Jahre 1931 nur noch 76 betrug. Auch der Komfort wuchs enorm: In der Junkers „G 38", dem damals größten Flugzeug der Welt, flog beispielsweise nun ein Steward mit und servierte Getränke und kleine Speisen an der elfsitzigen Bar. Die Zahl der Geschäftsreisenden stieg, während die Zahl derer, die sich bloß wegen des Nervenkitzels an Bord eines Flugzeugs begaben, stetig sank. Nach der Landung gab man den Passagieren jedoch noch immer einen dezenten Hinweis mit auf den Weg: „Spiele nach dem Fluge vor deinem Mitmenschen nicht die Rolle eines Helden. Es gehört schon lange kein Mut mehr dazu, den Luftweg zu benutzen. Du kannst dich aber um die Luftfahrt verdient machen, wenn du rückständige Mitmenschen, welche die Luftreise für eine gefährliche Sensation halten, aufklärst."

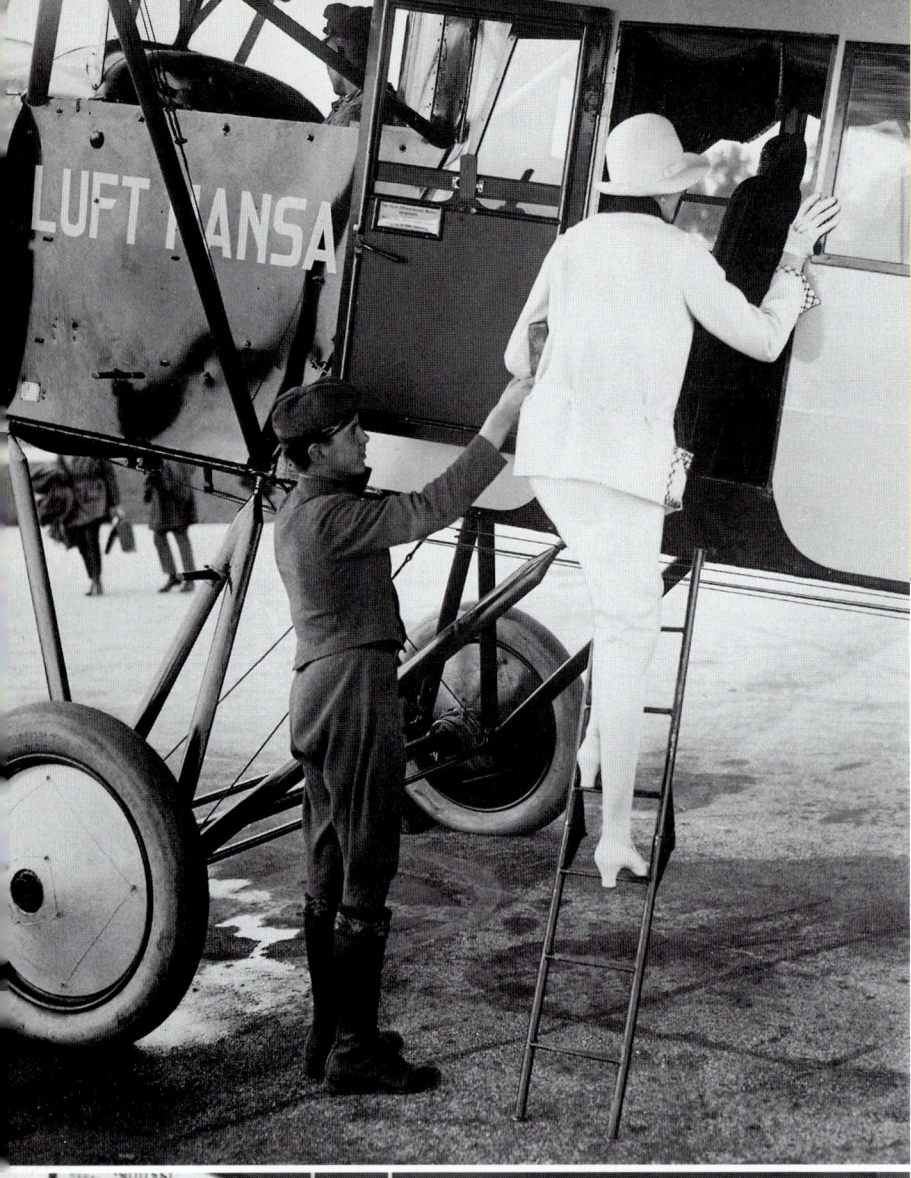

„Luftbuben" halfen galant beim Einsteigen – das Fliegen war (noch) den Besserverdienenden vorbehalten.

Die erste Luft Hansa AG setzte ebenfalls auf internationale Zusammenarbeit. Ständig waren „Expeditionsmaschinen" in der Luft, um neue – vor allem interkontinentale – Ziele auszukundschaften. Die Deruluft, eine Fluggesellschaft, die je zur Hälfte von der Luft Hansa und vom russischen Staat getragen wurde, bediente regelmäßig die Strecke von Berlin nach Moskau. Und mit der Gründung der Eurasia Aviation Company gelang sogar ein frühes Joint Venture mit China: Luft-Hansa-Piloten hielten vorübergehend ein innerchinesisches Streckennetz aufrecht, während ihre Fluggesellschaft in Berlin chinesische Piloten ausbildete. Schließlich gelang auch der Sprung über den Südatlantik zu den traditionell deutschfreundlichen südamerikanischen Staaten: Am 3. Februar 1934 wurde ein planmäßiger Post-Liniendienst eingerichtet; mit den Katapultschiffen „Westfalen" und „Schwabenland" als schwimmende Zwischenlandeplätze vor der westafrikanischen und brasilianischen Küste, von denen man die Flugboote vom Typ Dornier „Wal" starten lassen konnte. Auf dem Höhepunkt des Luftpostverkehrs im Jahre 1938, als die Zeichen in Europa bereits auf Krieg standen, benötigte ein Brief von Berlin nach Rio de Janeiro nur noch drei Tage.

Der interkontinentale Passagierverkehr schien nur noch eine Frage der Zeit: Mit der neuen viermotorigen Focke-Wulf „Condor" waren bereits erste Nonstop-Flüge über den Atlantik in Ost-West-Richtung gelungen. In Hamburg-Finkenwerder standen die modernen Blohm-und-Voss-Flugboote kurz vor der Serienreife. Mit diesen beiden neuen Langstreckenflug-

DEUTSCHE LUFTHANSA
Werbung 128 X. 36. 100000.

Der Clou der viermotorigen Junkers „G 38" waren jeweils zwei Passagiersitze in den Tragflächen.

Ab 1928 setzte die Luft Hansa Flugbegleiter ein, die in einer winzigen Bordküche kleine Mahlzeiten frisch zubereiteten.

UNTERNEHMEN
LUFTHANSA I

zeugen wollte die Lufthansa (im Jahre 1933 hatte sich mit der Machtübernahme durch die Nationalsozialisten die Schreibweise des Namens geändert) ihre interkontinentalen Strecken bedienen und vor allem eine regelmäßige Flugverbindung ins verbündete Japan, von Berlin nach Tokio, einrichten. Zu diesem Zeitpunkt war die Lufthansa mit rund 250 000 Passagieren pro Jahr, 53 000 Tonnen Post sowie rund 1400 Tonnen Fracht und einem Streckennetz von 80 000 Kilometern eine der führenden Fluggesellschaften in Europa.

Doch mit Ausbruch des Zweiten Weltkrieges wurde die Gesellschaft per Gesetz zu „kriegerischen Dienstleistungen" verpflichtet. Im Verlauf des Krieges blutete die Lufthansa, die in Athen, Belgrad, Marseille und Prag technische Basen unterhielt, wo jetzt Kampfmaschinen der Luftwaffe repariert und gewartet wurden, regelrecht aus. Die wenigen zivilen Linienflüge richteten sich nun prinzipiell nach den aktuellen Frontverläufen. Sie führten sowieso nur noch ins neutrale Ausland; nach Spanien, Portugal und Skandinavien, wohin jedoch praktisch nur Wirtschaftskräfte, Diplomaten oder Spione reisten.

1945 wurde der Berliner Flughafen Tempelhof, Stammsitz der ersten Lufthansa, beim Einmarsch der Roten Armee völlig zerstört. Das Gesellschaftsvermögen wurde durch die Alliierten blockiert, den Deutschen war es außerdem verboten, Flugzeuge zu fliegen. Damit endete das erste Kapitel der Lufthansa AG. Die Fluggesellschaft wurde im Jahre 1951 liquidiert und am 27. September 1965 aus dem Handelsregister gelöscht. Doch da flog der Kranich bereits seit mehr als zehn Jahren wieder – als traditionelles Wappentier der neuen Lufthansa...

Mit Ausbruch des Zweiten Weltkriegs kam der zivile Luftverkehr in Hamburg praktisch zum Erliegen.

1932–1945

FUHLSBÜTTEL IM 3. REICH

EIN AUFWIND,
DOCH NUR VON KURZER DAUER

1932–1945

Flaute in den Reisebüros: Während der Weltwirtschaftskrise half auch die schönste Werbung nichts – die Passagierzahlen und das Frachtaufkommen stiegen erst im Jahre 1934 wieder an.

Die Weltwirtschaftskrise Anfang der 1930er-Jahre, die mit dem „Schwarzen Freitag" am 24. Oktober 1929 (eigentlich ein Donnerstag), die europäischen Börsen erhielten die Nachricht vom Zusammenbruch des amerikanischen Aktienmarktes erst mit mehreren Stunden Zeitverzögerung am Freitag, dem 25. Oktober) begonnen hatte, sollte für Deutschland – und wenige Jahre später erneut für die ganze Welt – katastrophale Folgen haben. Mehr als sechs Millionen Deutsche hatten keine Arbeit, die Weimarer Republik stand kurz vor der Auflösung, denn die demokratischen Kräfte waren zersplittert, und die Zahl derer, die sich einen „starken Mann" an der Spitze des Landes wünschten, stieg stetig an.

Auch die kommerzielle Luftfahrt bekam diese Wirtschaftskrise kräftig zu spüren. Zwischen 1930 und 1933 – am 30. Januar jenes Jahres vollzog Adolf Hilter seine „Machtergreifung", und alle Prognosen für die anstehenden Neuwahlen im März sahen die NSDAP als stärkste Partei – hatte sich die Zahl der planmäßigen Flugbewegungen in Hamburg von 21 126 auf 20 764 verringert. Dennoch wurde beinahe trotzig in die Zukunft investiert, auch wenn das vorhandene Kapital nur für punktuelle Verbesserungsmaßnahmen reichte: Ein zweiter Kurzwellensender wurde in Betrieb genommen, dazu eine neue große Tankanlage mit einem Fassungsvermögen von 200 000 Litern Benzin sowie ein 200 Meter langer betonierter „Nebelstartstreifen".

Der Flughafen finanzierte sich beinahe ausschließlich durch die Start- und Landegebühren, die von den Luftverkehrsgesellschaften erhoben wurden. In der Gebührenklasse I (Flugzeuge bis zu einem Gewicht von 1000 Kilogramm) wurden jeweils 1,50 Reichsmark pro Abflug und Landung fällig, in der Klasse IVa (von 5000 bis 10 000 kg, was in etwa der „JU 52", ab 1932 Standardflugzeug der Luft Hansa, entsprach) betrug diese Gebühr 7,50 Reichsmark und für größere Maschinen wurden bis zu 17,50 Reichsmark verlangt. Im Jahre 1932 hatte man auf dem Hamburger Flughafen durchschnittlich 18 Starts und 18 Landungen pro Tag und damit rund 1100 Flugbewegungen im Monat registriert, was aufs Jahr gerechnet einen Umsatz von rund 130 000 Reichsmark ergab.

Doch noch war die Fliegerei ein Saisongeschäft und stets vom Wetter abhängig, auch in den Sommermonaten. Der Eisenbahn dagegen war es egal, ob es schneite, gewitterte oder ob es dunkel oder neblig war. Wenn der Luftverkehr daher seine beiden entscheidenden Vorteile gegenüber dem Schienenverkehr – Geschwindigkeit und Zeitersparnis – ausspielen wollte, kam es darauf an, die Flugzeuge bei jedem Wetter und auch nachts einsetzen zu können. Die Lösung dieses Problems konnte nur Instrumentenflug heißen. Immer mehr Flugzeuge wurden daher in den kommenden Jahren mit der notwendigen Technik ausgerüstet. Aber auch die Flughäfen mussten über entsprechende Einrichtungen und Signalsysteme wie Funkfeuer verfügen (dazu hatte bereits im April 1930 in Berlin eine erste internationale „Befeuerungskonferenz" getagt, auf der erstmals einheitliche Regelungen vorgenommen worden waren).

1932–1945

Die zweimotorigen „JU 86" flogen bis 1945 im planmäßigen Linien- und Frachtverkehr. Ab dem Jahre 1939 kam der zivile Luftverkehr ab Hamburg zum Erliegen.

BLITZVERKEHR UND MEHR KOMFORT

Tatsächlich schien Deutschland sich ab dem Jahre 1934 langsam wirtschaftlich zu erholen. Deutschlands „schmachvolle" Niederlage im Ersten Weltkrieg sollte rasch vergessen gemacht, die durch den Friedensvertrag von Versailles verlorene Großmachtstellung erneuert und erweitert werden. Und diese angestrebte Überlegenheit wollte man vor allem auch auf industriellen, technischen Gebieten beweisen: Neben der Erprobung des interkontinentalen Luftverkehrs zielten die Entwicklungen in erster Linie auf eine Verkürzung der Flugzeiten. 1934 wurde der sogenannte Blitzverkehr zwischen Berlin, Hamburg und Köln eingerichtet. Die 360 Stundenkilometer schnelle, aerodynamisch geformte „Heinkel He 70" vom Reißbrett der Günter-Zwillinge verkürzte die Flugdauer von Hamburg nach Berlin auf 50 Minuten! 15 Jahre zuvor hatte dieser Flug noch über zwei Stunden gedauert.

Auch der neue Reisekomfort konnte sich sehen (und fühlen) lassen: Die bequemen Ledersitze besaßen verstellbare Rückenlehnen, die Kabinen waren beleuchtet, belüftet und beheizt; Stewards servierten heiße Getränke, mixten Cocktails und bereiteten Speisen zu; Waschräume und Toiletten wurden eingebaut, und „Flugbuben" mit Pagenmütze, Uniform und polierten Reitstiefeln halfen den Damen galant über das steile Aluminiumtreppchen ins Flugzeug. Nach dem dramatischen Rückgang des Flugverkehrs während der Weltwirtschaftskrise war endlich wieder so etwas wie ein Aufschwung zu spüren: 30 000 Passagiere wurden im Jahre 1934 auf dem Hamburger Flughafen abgefertigt. Zusätzlich stieg die jährliche Frachtrate in jenem Jahr wieder auf über 600 Tonnen. Waren noch in den 20er-Jahren häufig nur Zeitungen, eilige Postsendungen und wenige Luxusgüter – wie etwa Tulpen aus Amsterdam – befördert worden, wurden Mitte der 30er-Jahre immer mehr wichtige Wirtschaftsgüter, hochwertige Exportartikel sowie Warenproben von Schiffsladungen für den Hamburger Hafen transportiert. Die Vision einer Symbiose zwischen Schifffahrt und Luftfahrt nahm Gestalt an.

Am 12. Juli 1935 gab das Berliner Reichsluftfahrtministerium einem erneuten Antrag der Hamburger Flughafen-Verwaltungsgesellschaft auf Erweiterung des Flughafens per Erlass statt: Aufgrund des „massierten Flugbetriebes" seien eine Vergrößerung des Rollfeldes und eine Erweiterung der Verwaltungsgebäude unumgänglich, hieß es; ferner „müssten wegen des häufigen Schlechtwetters die Möglichkeiten für Blindanflüge verbessert werden". Darüber hinaus verlangte das Ministerium an der Wilhelmstraße eine „gründliche Überholung der teilweise unebenen und lückenhaften Grasnarbe".

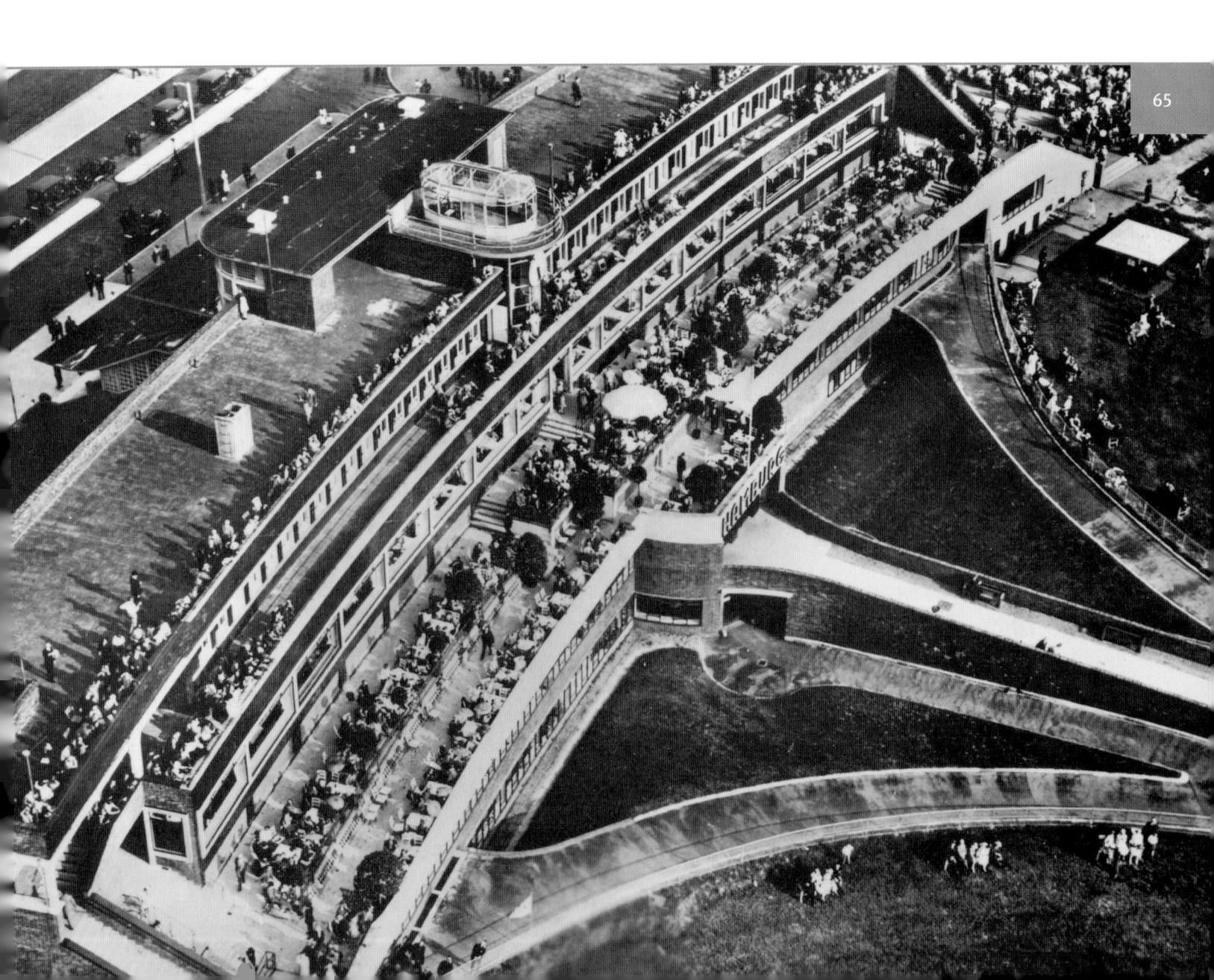

Mit dem „Luft-Hansa-Shuttle" ging es vom Jungfernstieg zum Flughafen. Der Fahrpreis war im Ticket inbegriffen. Um das Gras des Flugfeldes kurz zu halten, beschäftigte der Flughafen einen eigenen Schäfer.

Ausflüge nach Fuhlsbüttel gehörten zum Hamburger Sonntagsvergnügen.

Denn nicht nur die Flugzeuge setzten dem feuchten Wiesengrund pausenlos zu: Das grüne Flugfeld war auch ein Paradies für Wühlmäuse und Maulwürfe, die sich schon lange zu einer regelrechten Plage ausgewachsen hatten. Sie ließen sich weder durch den Motorenlärm noch durch das Getrappel der rund 500 Schafe vertreiben, die von der Flughafenverwaltung als lebende Rasenmäher und Bodenverdichter eingesetzt wurden und für die extra ein Schäfer engagiert worden war, der natürlich dafür sorgen musste, dass die Schafe den Flugzeugen ja nicht in die Quere kamen.

Mit diesem Erlass waren der Abriss der Borsteler Rennbahn sowie der benachbarten Siedlung Groß-Borstel beschlossene Sache. Das Rollfeld dehnte sich danach über beinahe 100 Hektar in südwestlicher Richtung aus, die gesamte Fläche des Flughafens umfasste jetzt exakt 222,9 Hektar. Das nördliche und das westliche Rollfeld wurden ebenfalls planiert, der Boden verdichtet. In den „Einfluglücken" zwischen dem Abfertigungsgebäude und den Hallen A und B wurden zwei neue Verwaltungsgebäude hochgezogen, von denen eines jedoch als Kaserne gedacht war und von der Luftwaffe verwaltet wurde.

Auch im Inneren des Abfertigungsgebäudes musste kräftig umgebaut werden: Die verschärften Pass- und Devisenbestimmungen erforderten eine eindeutige Trennung von In- und Auslandsreisen. Die Fußgängerrampe herauf in die Abfertigungshalle wurde dreigeteilt. Für durchreisende Ausländer wurde außerhalb der Zoll- und Passkontrolle ein nüchterner Aufenthaltsraum geschaffen, der dem Flughafen jedoch auch erstmals die Vorteile eines „Freihafens" verschaffte. Für inländische Transitgäste entstand ein Aufenthaltsraum im Stil einer „Vierländer Stube" – dem vorherrschenden Geschmack der damaligen Zeit – mit zünftigen Holzmöbeln, rot-weiß karierten Tischdecken und dunkel gebeizten Holzbalken, die einfach an die Betondecke gedübelt wurden.

Fuhlsbüttel – wenige Jahre zuvor noch ein ländliches Ausflugsziel – wandelte sich nun rasch zu einem Verkehrsknotenpunkt der Hansestadt. Ein Zubringerbus aus der Hamburger Innenstadt verkürzte die Anreise, die Parkplätze vor den Verwaltungsgebäuden wurden erweitert, und der „Lange Jammer", ein älteres Unterkunftsgebäude, wurde zu einer Parkgarage für Fluggäste umgebaut. Und auch die Schafe der Schäferfamilie Brede profitierten von den Neuerungen: Die Flughafenverwaltung spendierte ihnen erheblich vergrößerte Ställe am südlichen Ende des Flughafens.

DER KRIEG WARF SEINEN SCHATTEN VORAUS

Tausende von Menschen bereiteten am 11. August 1938 der „Focke Wulf 200 Condor" nach ihrem ersten Nonstop-Flug von Berlin nach New York einen begeisterten Empfang auf dem Floyd-Bennett-Flughafen (heute der John-F.-Kennedy-Airport). Der Leitartikel in der „New York Times" kommentierte mit nüchternem Weitblick: „Eines Tages wird man die Nachrichten über Nonstop-Atlantikflüge neben den übrigen Schiffsmeldungen im Innenteil der Zeitungen finden."

1932–1945

Mit den neuen viermotorigen Langstreckenflugzeugen – etwa der „Condor" oder der „Ju 90" –, die jeweils über 40 Sitzplätze verfügten und in der erstmals auch Stewardessen an Bord waren, brach eine neue Ära im Luftverkehr an. So erlebte der Hamburger Flughafen von 1934 bis 1937 eine Blütezeit, die in den zwei Folgejahren bis zum Ausbruch des Zweiten Weltkriegs jedoch schon wieder langsam abnehmen sollte: aus politischen Gründen wie der „Heim ins Reich"-Politik des deutschen Diktators. Die Angst vor einem neuerlichen Krieg wuchs, die übrige Welt begann den Deutschen (sowie der „Achse" Berlin–Rom–Tokio), die sich 1936 während der Olympischen Sommer- und Winterspielen in Berlin und Garmisch-Partenkirchen noch so weltoffen gegeben hatten, zunehmend zu misstrauen; vor allem die Verfolgung der jüdischen Bevölkerung, die sich spätestens nach der Pogromnacht vom 9. auf den 10. November 1938 nicht mehr leugnen ließ, führte zu einer zunehmenden Isolation Deutschlands.

Das Passagier- und Frachtaufkommen in Hamburg hatte im Jahr 1937 den höchsten Stand vor dem Zweiten Weltkrieg erreicht. Man hatte mehr als 10 000 planmäßige Flugbewegungen gezählt, rund 57 000 Passagiere abgefertigt und fast 1300 Tonnen Luftfracht umgeschlagen. Hamburg lag damit hinter Berlin, Frankfurt und Köln auf dem vierten Platz. 22 regelmäßige Flugziele wurden von Fuhlsbüttel aus angeflogen; darunter auch die zu diesem Zeitpunkt längste Strecke der Welt über Belgrad, Athen, Rhodos und Damaskus bis nach Bagdad. Für die 4050 Kilometer benötigten die Lufthansa-Maschinen eine Flugzeit von 23 Stunden und 40 Minuten.

Doch 1938 nahm das Passagieraufkommen rapide ab. Am Hamburger Flughafen wurden noch durchschnittlich 120 Passagiere am Tag gezählt. Dagegen waren die Versuchsflüge der Lufthansa, den Luftpostverkehr mithilfe von Stafettenflügen mit Schnellflugzeugen, Katapultschiffen und Wasserflugzeugen zur Überquerung des Nord- und Südatlantiks ein voller Erfolg. Doch die Konzessionsverhandlungen mit Vertretern der US-Regierung, die eigentlich vor einem erfolgreichen Abschluss standen, wurden im Sommer 1939 von den Amerikanern abgebrochen. Am 28. August 1939, vier Tage vor dem deutschen Überfall auf Polen, wurde der Flughafen Fuhlsbüttel für den zivilen Luftverkehr geschlossen und von der Reichsluftwaffe in den Dienst der Landesverteidigung gestellt.

Während andere deutsche Flughäfen auch während des Krieges für die zivile Luftfahrt geöffnet blieben, wurde der Luftraum über der Hansestadt zum Sperrgebiet erklärt. Jetzt starteten von hier aus nur noch militärische Versorgungs-, Kurier- und Aufklärungsflüge. Der Flughafen war über Nacht ein Luftwaffenstützpunkt geworden und beherbergte plötzlich eine Fliegerschule. Der letzte nicht militärische Benutzer des Flughafens, die Hamburger Polizei, die eine Halle auf dem Gelände gemietet hatte, musste im Jahre 1941 das Feld räumen. Diese Halle wurde nun als Lagerstätte für Flugzeugattrappen benötigt.

Das berühmte Flugboot Dornier „Wal" überquerte zwischen 1934 und 1938 im regelmäßigen Luftpostverkehr den Südatlantik mithilfe von Versorgungsschiffen.

Auf dem Höhepunkt des interkontinentalen Luftpostverkehrs benötigte ein Brief von Berlin nach Rio de Janeiro knapp drei Tage.

Auch über die 150 Flugzeuge umfassende Flotte der Lufthansa verfügte jetzt ausschließlich die Luftwaffe. Zivile Flüge durften, wenn überhaupt, nur noch mit Sondergenehmigungen durchgeführt werden. Und die Strecken ins neutrale Ausland – in die Schweiz, nach Spanien, Portugal und Schweden – wurden immer mühsamer aufrechterhalten, denn mit zunehmendem Kriegsverlauf wurde der geregelte Linienverkehr immer gefährlicher.

Bis heute ist es für viele Historiker rätselhaft, warum ausgerechnet der Hamburger Flughafen im Gegensatz zu den anderen großen Verkehrsflughäfen in Deutschland nicht bombardiert wurde, obwohl die Stadt ab 1940 bereits in den Scheinwerferriegel der sogenannten Hellen Nachtjagd („Kammhuber-Linie") eingebunden worden war. Allerdings waren weder Jagd- noch Bomberstaffeln auf dem Hamburger Flughafen stationiert. So verwandelte sich das Flugfeld binnen kürzester Zeit in eine ländliche Idylle. Birken- und Tannenwäldchen ließ man wachsen, das Abfertigungsgebäude sowie die Hallen verschwanden unter riesigen Netzen und geflochtenen Matten in Tarnfarben. Mehr ist nicht bekannt, da sämtliche Unterlagen aus den Jahren 1939 bis 1945 bei Kriegsende verbrannt wurden.

Ende April 1945 standen die britischen Truppen vor der Stadt. Reichsstatthalter Karl Kaufmann taktierte in alle Richtungen, denn jeder wusste, dass die Stadt nicht zu halten war. Einerseits demonstrierte er dem Führer gegenüber Treue und Gefolgschaft, um nicht noch in allerletzter Minute vor ein

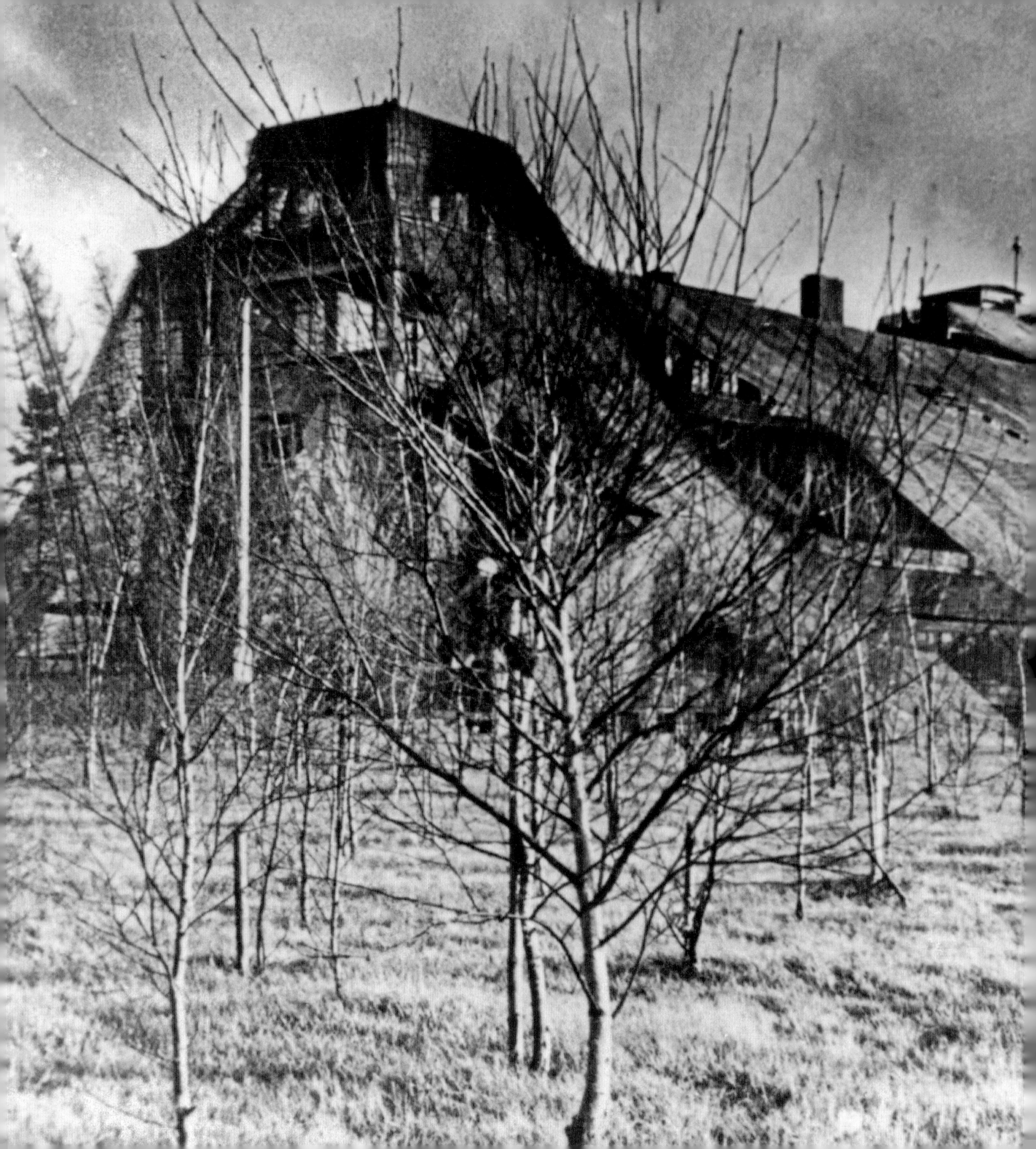

Kriegsgericht gestellt zu werden. Andererseits bemühte er sich um geheime Kontakte zu den Alliierten, um Möglichkeiten für eine kampflose Übergabe Hamburgs zu sondieren. Am 29. April überschritten der Stabsarzt Professor Hermann Burchard, der Militärdolmetscher Leutnant Otto von Laun sowie Albert Schäfer, Generaldirektor der Harburger Phönix AG, die südliche Frontlinie, um bei den britischen Befehlshabern eine Verschonung eines Lazaretts zu erwirken, das in den Phönix-Werken eingerichtet worden war.

Daraus entwickelten sich dramatische Verhandlungen über die Kapitulation Hamburgs, die schließlich am Abend des 3. Mai 1945 um 18.30 Uhr im Rathaus vollzogen wurde. Somit war der Krieg für Hamburg bereits fünf Tage vor der deutschen Gesamtkapitulation vorbei – und die Royal Air Force konnte einen vollkommen intakten Flughafen in Besitz nehmen, der von nun an „Hamburg Airport" hieß.

Tarnnetze und -matten prägten während der Kriegsjahre das Bild des Hamburger Flughafens, den sich binnen kürzester Zeit die Natur wiedereroberte.

Mit ihren Konstruktionen haben sie Luftfahrtgeschichte geschrieben: die Pioniere des Flugzeugbaus, die mit großem Engagement ihre Ideen verfolgt und umgesetzt haben. Dabei befanden sich diese markanten Tüftler und Erfinder mit Visionen stets im Spannungsfeld zwischen technischer Machbarkeit, wirtschaftlichem Nutzen und politischem Willen.

VOM FORTSCHRITT BESESSEN

KONSTRUKTEURE

Bereits mit 24 Jahren konstruierte der begnadete Mathematiker Glenn Hammond Curtiss (1878–1930) äußerst leistungsfähige und leichte Motoren, mit denen er zunächst in die Motorradproduktion einstieg. Als die Gebrüder Wright seine Motoren für ihre Flugzeuge ablehnten, gründete er die Aerial Experiment Association im kanadischen Halifax. In den folgenden Jahren entwickelte Curtiss in erster Linie Wasserflugzeuge, was vor allem die amerikanische Marine interessierte. Im Jahre 1920 zog sich Curtiss aus seinem inzwischen börsennotierten Unternehmen zurück. Er starb in Florida an den Folgen einer Operation.

Nach zwei vergeblichen Versuchen, eine Flugzeugfabrik zu etablieren, gründete Allan Loughead (1889–1969) im Jahre 1926 mit seinem Bruder Malcolm die Lockheed Aircraft Company in Hollywood, deren Name sich aus dem Familiennamen ableiten lässt. 1934 übernahm jedoch Robert E. Gross die Gesamtleitung der neuen Lockheed Corporation mit Sitz am Flughafen von Burbank. Das erste erfolgreiche Flugzeug war die „Vega", von der 141 Exemplare gebaut wurden. Mit ihr wurden zahlreiche Flugrekorde aufgestellt. In den 1930er-Jahren konstruierte Lockheed die „L-10 Electra", ein kleines zweimotoriges Transportflugzeug, aus dem dann der berühmte Abfangjäger „P-38 Lightning" entwickelt wurde. Mit der viermotorigen „Super Constellation" beteiligte sich das Unternehmen maßgeblich an der Modernisierung des zivilen Luftverkehrs.

William Edward Boeing (1881–1956), Sohn eines deutschen Auswanderers, begann im Jahre 1915 mit dem Flugzeugbau. Die Boeing Aeroplane Company erhielt ab 1917 zunächst Aufträge von der Marine, doch der Firmengründer wollte sich lieber auf zivile Flugzeuge für den Fracht- und Luftpostverkehr konzentrieren. Am 3. März 1919 transportierte William E. Boeing die erste Luftpost von den USA nach Kanada. 1934 musste Boeing wegen des Vorwurfs der Monopolbildung sein Unternehmen aufteilen: Daraus entstanden die United Aircraft Company, Boeing Airplane Company und die United Airlines. Der Firmengründer zog sich verbittert vom Flugzeugbau zurück. Er starb an Bord eines Schiffes an einem Herzinfarkt. Boeing in Seattle wurde der größte Flugzeughersteller der Welt.

Der gebürtige Franzose Claude Dornier (1884–1969) leitete ab dem Jahre 1913 auf ausdrücklichen Wunsch des Grafen Zeppelin eine eigene Abteilung im Zeppelin-Konzern. Später wurde er Teilhaber eines Zweigwerkes für Flugzeugbau, das er 1932 übernahm und aus dem sich die Dornier-Werke entwickelten. Er spezialisierte sich auf den Bau von Ganzmetallflugzeugen, insbesondere Landflugzeugen und Flugbooten, unter anderem die berühmte, zwölfmotorige „Do X". Nach dem Krieg nahmen die Dornier-Werke ab dem Jahre 1956 die Flugzeugproduktion in München-Neuaubing und Oberpfaffenhofen wieder auf. 1969, nach Dorniers Tod, ging der Konzern zunächst in eine Erbengemeinschaft über. Später wurde er zerschlagen, ab 1985 verschmolzen Teile des Unternehmens mit der DASA und wurden schließlich in den EADS-Konzern integriert.

Der von der Fliegerei besessene gebürtige Niederländer Herman Gerard „Anthony" Fokker (1890–1939), der eigentlich zum Studieren nach Berlin gekommen war, besaß bereits im Alter von 22 Jahren eine eigene Flugzeugfabrik. Der Durchbruch gelang Fokker im April 1915, als er einen Synchronisationsmechanismus weiterentwickelte, der es ermöglichte, mit einem Maschinengewehr durch den laufenden Propeller hindurch zu feuern, ohne dabei die Propellerblätter zu beschädigen. Das revolutionäre Jagdflugzeug „Fokker E. I" sicherte den deutschen Piloten über der Westfront so für etwa ein halbes Jahr die Lufthoheit. 1922 wanderte Fokker nach einem Zwischenaufenthalt in seiner Heimat in die USA aus und gründete dort die Fokker Aircraft Corporation. Privat hatte der begeisterte Pilot kein Glück. Seine erste Ehe wurde rasch geschieden, seine zweite Frau Violet Eastman nahm sich 1929 das Leben. Am 23. Dezember 1939 verstarb Fokker nach einem chirurgischen Eingriff an den Folgen einer Sepsis.

KONSTRUKTEURE

Sir Geoffrey de Havilland (1882–1965) brachte sich selbst das Fliegen bei und entwickelte als Angestellter der Firma Airco die Standardjagdflugzeuge der Royal Air Force. 1920 übernahm er seinen einstigen Arbeitgeber und taufte ihn in De Havilland Aircraft Company um. Sein Ruhm als Konstrukteur wurde vor allem durch die „Tiger Moth" begründet, auf der – bis heute – Zehntausende von Piloten das Fliegen gelernt haben; zum anderen durch den leichten Jagdbomber „Mosquito", der im Zweiten Weltkrieg zum Einsatz kam. Anfang der 1950er-Jahre brachte de Havilland das erste strahlgetriebene Verkehrsflugzeug der Welt heraus, die elegante „Comet". Doch die ersten vier Flugzeuge dieses Typs stürzten nach wenigen Monaten aus zunächst ungeklärter Ursache ab. Nachdem Materialermüdung der Druckkabine als Ursache ermittelt worden war, konnte auch das modifizierte Nachfolgemodell nicht mehr verkauft werden. 1959 wurde de Havilland von der Firmengruppe Hawker Siddeley übernommen.

Dem russischen Ingenieur **Andrei Nikolajewitsch Tupolew** (1888–1972), der im Jahre 1921 mit der „Tupolew ANT-1" sein erstes Flugzeug entworfen hatte, gelang bereits vier Jahre später der Durchbruch mit dem weltweit ersten freitragenden zweimotorigen Ganzmetallbomber, der „Tupolew ANT-4". Obwohl er in den kommenden Jahren zahlreiche weitere erfolgreiche Militär- und Zivilflugzeuge konstruierte, ließ ihn der sowjetische Diktator Stalin während der berüchtigten „Säuberungen" am 21. Oktober 1937 verhaften. Erst mit dem Angriff der Deutschen Wehrmacht im Jahre 1941 ließ man ihn wieder frei; Stalin soll sich 1943 bei ihm persönlich für die Verurteilung wegen Hochverrats entschuldigt haben. Tupolew entwickelte im Laufe seines Lebens mehr als 100 Flugzeugtypen. Sein berühmtestes Flugzeug ist die „Tupolew Tu-104", die in etwa die Leistungsfähigkeit der Boeing 707 erreichte. Gemeinsam mit **Sergei Wladimirowitsch Iljuschin** (1894–1977), dem Konstrukteur des berühmten gepanzerten Schlachtflugzeugs „Il-2", das mehr als 36 000 Mal gebaut wurde, gestaltete Tupolew maßgeblich die expandierende Flugzeug- und Raumfahrtindustrie der Sowjetunion in den 1950er- und 1960er-Jahren.

Der Ingenieur Ernst Heinrich Heinkel (1888–1958) kam im Jahre 1912 als Chefkonstrukteur zu den Albatros-Flugzeugwerken, wo er die „Albatros B II", einen Aufklärer, entwickelte. 1922 gründete er in Rostock-Warnemünde die Ernst Heinkel Flugzeugwerke. Die im Auftrag der Luft Hansa AG entwickelte „Heinkel He 70" war das mit Abstand schnellste Passagierflugzeug seiner Zeit. 1933 begann Heinkel mit der geheimen Entwicklung und Herstellung von Kampfflugzeugen. Heinkel war besessen von der Idee, Hochgeschwindigkeitsflugzeuge zu entwickeln, und geriet häufig mit den Machthabern aneinander. 1938 wurde mit der „He 176" das erste Raketenflugzeug der Welt getestet, 1939 das erste Düsenflugzeug, die „He 178". Nach dem Krieg wurde Heinkel von den Alliierten als „Mitläufer" verurteilt; aufgrund seiner persönlichen Nähe zum Widerstandskreis um den Abwehrchef Canaris im Berufungsverfahren jedoch als „Entlasteter" eingestuft. Anfang der 1950er-Jahre begann Heinkel in Stuttgart mit dem Bau von Automotoren, Kabinen- und Motorrollern. Sechs Jahre nach dem Tod des Firmengründers ging Heinkel in der Vereinigten Flugzeugwerke-Fokker GmbH auf.

Der deutsche Ingenieur und Unternehmer Hugo Junkers (1859–1935) schuf grundlegende Erkenntnisse im Flugzeugbau, vor allem die Ganzmetall-Bauweise. Die berühmtesten seiner Baumuster sind die Junkers „F 13", die „G 38" und die „Ju 52" (die Konstruktion der legendären Sturzkampfbomber „Ju 87" und „Ju 88" können ihm nicht mehr zugeschrieben werden). Der Vater von zwölf Kindern gründete überdies die Junkers Luftverkehr AG, die 1926 mit dem Deutschen Aero Lloyd zur Luft Hansa AG fusionierte. Da er sich nicht mit Machthabern arrangieren wollte und sich daher mit einigen seiner leitenden Mitarbeiter überworfen hatte, wurde er im Jahre 1933 enteignet und erhielt Stadtverbot für Dessau. Er starb an seinem 76. Geburtstag und wurde auf dem Waldfriedhof Solln in München begraben.

Dank seiner wohlhabenden Frau Lilly Stromeyer (gest. 1972) aus der Bamberger Tabakdynastie konnte der Ingenieur Wilhelm Emil Messerschmitt (1898–1978) mitten in der Weltwirtschaftskrise die Messerschmitt-AG gründen. 1934 entwarf er neben der „Bf 108", die als Vorbild für den modernen Flugzeugbau gilt, unter anderem den Standardjäger der Deutschen Luftwaffe, die „Bf 109" sowie mit der „Me 262" das erste serienproduzierte Düsenflugzeug. 1939 wurde sein Unternehmen als „Nationalsozialistischer Musterbetrieb" ausgezeichnet. Nach Differenzen mit der Luftwaffenführung legte er 1942 den Vorstandsvorsitz nieder und wurde in das Entwicklungsbüro zurückversetzt. Dennoch forderte er den unbedingten Einsatz von Zwangsarbeitern und KZ-Häftlingen. Nach Kriegsende wurde Messerschmitt im Entnazifizierungsverfahren 1948 als „Mitläufer" eingestuft und musste den Flugzeugbau daher zunächst aufgeben. In dieser Zeit ließ er in seinem Bamberger Werk Fertighäuser, Nähmaschinen, Bügeleisen und den berühmten Kabinenroller herstellen. Ab 1955 baute er wieder für die deutsche Luftwaffe Flugzeuge. 1968 fusionierte die Messerschmitt AG mit der Bölkow-Gruppe und der Hamburger Flugzeugbau zur MBB-Gruppe. Messerschmitt starb am 15. September 1978 in München.

DIE GEBURT DER NEUEN LUFTHANSA

EIN KRANICH FÜR ZWEI DEUTSCHE STAATEN

UNTERNEHMEN LUFTHANSA II

Die Väter der neuen Lufthansa: Hans M. Bongers (Mitte links) und Gerhard Höltje (Mitte rechts) begannen ab 1949 heimlich mit den Planungen für die Wiederauferstehung einer neuen deutschen Fluggesellschaft.

Die Wiederauferstehung der Lufthansa nach dem Krieg war besonders eng mit zwei Namen verbunden: Hans M. Bongers, 1898 im schleswig-holsteinischen Itzehoe geboren, ehemaliger Verkehrsleiter und seit 1929 Vorstandsmitglied der „alten" Luft Hansa AG, hatte bereits Ende der 1940er-Jahre in seinem legendären Büro Bongers in Köln im Auftrag des damaligen Verkehrsministers Hans-Christoph Seebohm mit den Planungen für eine eigenständige deutsche Luftfahrt begonnen – lange bevor die Alliierten hierfür ihr Einverständnis gegeben hatten. Für die junge Demokratie – 1949 war Konrad Adenauer zum ersten Kanzler der Bundesrepublik gewählt worden, aber noch wurden Lebensmittelkarten verteilt – stand es außer Frage, dass gerade ein funktionierender Luftverkehr mit seinen vielen Arbeitsplätzen zu einem bedeutenden Faktor für den Wiederaufbau der zerstörten Wirtschaft werden konnte und überdies dafür sorgen würde, dass Deutschland nicht den Anschluss an die (westliche) Welt verlor. So konnte Bongers erstaunlicherweise die ersten Gutachten, Berechnungen und Analysen für eine „neue Lufthansa" schon am 29. Mai 1951 seinem Minister vorlegen – just an dem Tag, als er mit Billigung der Besatzungsmächte offiziell zum „Berater in Luftverkehrsfragen" ernannt wurde.

Als Bongers' wichtigster Mitstreiter in den aufregenden Anfangstagen erwies sich der Ingenieur Gerhard Höltje, ein erfahrener, pragmatisch veranlagter Techniker ohne Allüren, der ab dem Jahre 1942 die Versuchsabteilung der Lufthansa geleitet hatte. Nach 1945 hatte Höltje auf dem Berliner Flughafen Tem-

Mit dem deutschen Wirtschaftswunder stiegen auch die Luftfrachtraten steil an.

pelhof amerikanische Transportflugzeuge gewartet und auf diese Weise die moderne Flugzeugtechnik kennengelernt.

1953, spätestens, sollte der Kranich wieder von deutschen Flughäfen abheben. Doch die Verhandlungen mit den Siegermächten über einen neuen Staatsvertrag kamen nur mühsam voran. Immerhin durfte am 6. Januar 1953, dem Geburtstag der alten Luft Hansa, die Aktiengesellschaft für Luftverkehrsbedarf (Luftag) gegründet werden, die Vorbereitungsgesellschaft für die Deutsche Lufthansa AG. Bongers und Höltje konnten jetzt ganz offiziell Flugzeuge einkaufen, Verwaltungskräfte, Piloten und Kabinenpersonal einstellen sowie die Organisation am Boden aufbauen. Nach wenigen Monaten musste bereits das Grundkapital der neuen Lufthansa von sechs auf 50 Millionen D-Mark erhöht werden. Die zentrale Frage lautete: Mit welchen Flugzeugen soll die Lufthansa ihren geplanten Liniendienst aufnehmen? Eine deutsche Flugzeugindustrie gab es ja nicht, und weder waren Zeit noch Geld für irgendwelche Experimente vorhanden. Bongers und Höltje orderten daher vier Kurz- und Mittelstreckenflugzeuge vom Typ „Convair CV 340" sowie vier Langstreckenflugzeuge vom Typ „Lockheed Super Constellation". Amerikanische Flieger übernahmen die Schulung der deutschen Piloten; ein Probeluftverkehr (ohne Passagiere) wurde eingerichtet, und Deutschland durfte nun auch an den europäischen Konferenzen zur Koordinierung des Luftverkehrs in Europa teilnehmen.

Zur gleichen Zeit wuchsen am Rande des Flugfeldes die Hallen der neuen Lufthansa-Werft, der technischen Basis

Am 1. April 1955 landete der erste planmäßige
Lufthansa-Inlandsflug am Hamburg Airport:
eine „Convair CV 340" aus München.

UNTERNEHMEN LUFTHANSA II

der neuen Lufthansa, die Hamburg Airport als internationales Drehkreuz und Ausgangspunkt für die interkontinentalen Strecken betrachtete.

Am 1. April 1955 starteten in Hamburg und München fast zeitgleich zwei „Convair CV 340" zu ihrem ersten planmäßigen Linienflug. Der amerikanische Mitbewerber PanAm begrüßte die neue Konkurrenz mit einer großformatigen Zeitungsanzeige: „Hallo Lufthansa! In der Reihe der Weltfluggesellschaften heißen wir das ‚neue' alte Mitglied willkommen. Wir freuen uns über den Zuwachs und sind sicher, dass die große Tradition der Lufthansa auch ihre Leistungen in Zukunft bestimmen wird. Bremsklötze weg!" Als am 5. Mai 1955 die Pariser Verträge in Kraft traten, bekam die Bundesrepublik zehn Jahre nach Kriegsende ihre Souveränität und damit auch gleichzeitig die Lufthoheit zurück.

Innerhalb weniger Wochen dehnte die Lufthansa ihr Streckennetz auf Paris, Madrid und London aus, und am 8. Juni 1955 startete von Frankfurt aus eine „Super-Conny" nach New York zum ersten Interkontinentalflug. Innerhalb von nur vier Jahren, bis zum Beginn des Jet-Zeitalters – mit der Premiere der Boeing 707 im Jahre 1960 – wuchs das Streckennetz der Lufthansa von 8 000 auf über 93 000 Kilometer an. Die Zahl der Passagiere stieg von 74 000 auf 786 000 und die Zahl der Mitarbeiter von 1100 auf über 6000. Auf den interkontinentalen Langstrecken nach Nord- und Südamerika wurde ab 1956 die „Senator"-Luxusklasse als (vorläufige) Antwort auf die schnelleren Düsenmaschinen der Konkurrenzgesellschaf-

Ab Anfang Juni 1955 flog die Lufthansa auch interkontinentale Strecken – zumeist mit der legendären viermotorigen „Super-Conny", ab den 1960er-Jahren mit der Boeing 707.

Luxus contra Tempo: Auf Dauer war auch die Lufthansa-„Senatorklasse" keine Konkurrenz für die schnelleren Düsenjets.

UNTERNEHMEN LUFTHANSA II

ten eingeführt, in der ein Koch unter anderem frische Kartoffelpuffer an Bord zubereitete – der absolute Renner bei der Bordverpflegung …

1956 gründete die Lufthansa mit mehreren anderen großen deutschen Unternehmen die Deutsche Flugdienst GmbH, aus der später die Condor Flugdienst GmbH hervorgehen sollte. Die Planungsstäbe hatten berechnet, dass mit dem deutschen Wirtschaftswunder auch der Bedarf an preiswerten Touristikflügen steigen würde. Der erste Charterflug am 29. März 1956 führte die Flotte aus drei „Vickers Viking" zuallererst ins Heilige Land, nach Israel.

Absurderweise wurde auch in der DDR eine Lufthansa gegründet, die von Berlin-Schönefeld mit russischen „Iljuschin IL-14" sowie Hubschraubern anfangs ostdeutsche Ziele wie Cottbus, Barth an der Ostsee, Dresden, Leipzig und Karl-Marx-Stadt, gegen Ende des Jahres aber auch schon mehrere Ostblockstaaten anflog. Auch die DDR-Lufthansa besaß den berühmten „Kranich" auf dem Leitwerk. Doch eine Flugver-

Unsere enge Verbindung zum Hanseatischen tragen wir schon im Namen.

Seit dem Start der neuen Lufthansa – der Erstflug am 1. April 1955 führte von Hamburg über Düsseldorf und Frankfurt nach München – zählt „Hamburgs Tor zum Himmel" zum Kernbestand des Lufthansa-Streckennetzes. Heute sind zudem mehr als 10.000 Mitarbeiter des Lufthansa-Konzerns in Hamburg aktiv. Diese herausragende Bedeutung des Standorts dokumentiert nicht zuletzt auch die Lufthansa-Boeing 747-400 D-ABTD, die vom Ersten Bürgermeister der Freien und Hansestadt Hamburg den Namen „Hamburg" erhielt.

Lufthansa bedankt sich für die langjährige, gute Partnerschaft und gratuliert herzlich zum Jubiläum 100 Jahre Hamburg Airport!

Lufthansa-Verbindungen ab/nach Hamburg unter www.lufthansa.com

Lufthansa

Wir freuen uns auf die nächsten 100 Jahre.

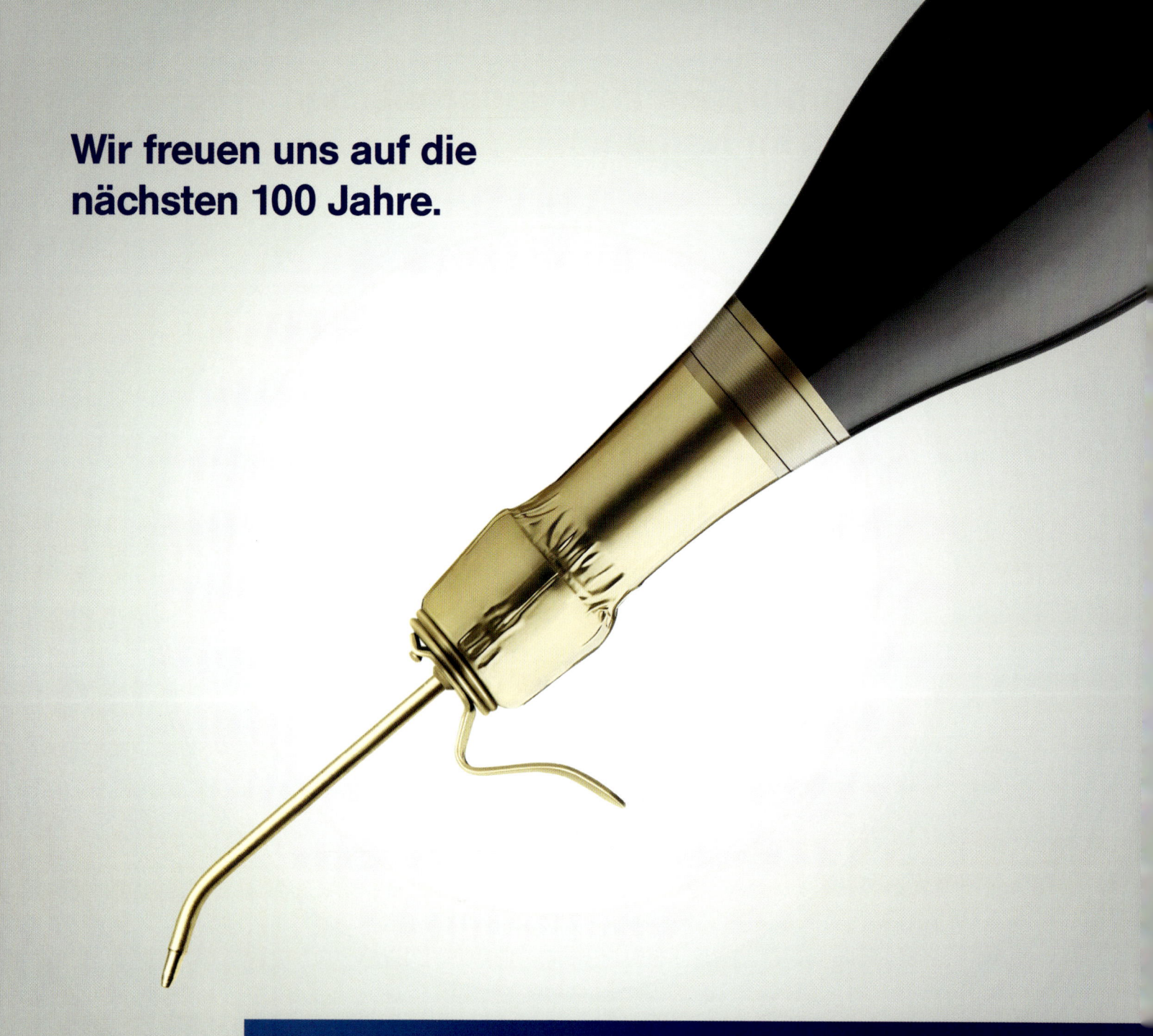

Happy Birthday, Hamburg Airport!
Lufthansa Technik bedankt sich für die perfekte Zusammenarbeit.

More mobility for the world
Lufthansa Technik

bindung zwischen den beiden deutschen Staaten existierte nicht, auch der Berlin-Verkehr von Westdeutschland aus wurde ausschließlich von nichtdeutschen Gesellschaften bestritten. Doch das Nebeneinander von zwei Lufthansa-Gesellschaften im gleichen Design konnte international nicht lange gut gehen. So begann man in der DDR ab dem Jahre 1958 mit einer Art „Rückzugsgefecht", begleitet von juristischen Störfeuern aus der Bundesrepublik, bis im Jahre 1963 die „sozialistische" Lufthansa schließlich in die neue „Interflug" integriert wurde.

In der DDR wurde im Jahre 1955 ebenfalls eine Lufthansa gegründet, die nach acht Jahren juristischer Auseinandersetzungen schließlich in der DDR-Fluglinie „Interflug" aufging.

1945–1955

NEUSTART

ÜBER HAMBURG AIRPORT WEHT DER UNION JACK

1945–1955

Deutschland hatte am 8. Mai 1945 kapituliert. Fast alle deutschen Städte lagen in Trümmern, auch Hamburg, hier hatte es vor allem die Wohnviertel Barmbek, Hammerbrook, Eimsbüttel und Altona sowie große Teile von Wilhelmsburg getroffen. Auch die meisten Kontore rund um den Hafen in der Altstadt, Krankenhäuser und Bahnhöfe waren zerstört. Die „Operation Gomorrha" im Sommer 1943 hatte allein etwa 35 000 Tote und 125 000 Verletzte gefordert; rund 900 000 Hamburger waren daraufhin in die „Aufnahmegaue" Bayern, Oberpfalz und Schleswig-Holstein geflohen oder evakuiert worden. Nun irrten Tausende Menschen durch die Stadt auf der Suche nach Angehörigen und vermischten sich dabei mit den großen Flüchtlingsströmen aus den deutschen Ostgebieten.

Es gab wohl kaum einen Hamburger, der in diesen Monaten nach der Katastrophe ans Fliegen dachte – jetzt ging es einzig und allein ums Überleben in einem unbeschreiblichen Chaos, den raschen Wiederaufbau und die Reparatur der Verkehrswege. Auf dem vollkommen intakten Flughafen in Fuhlsbüttel hatte sich die britische Luftwaffe eingerichtet. Das Areal hieß nun „Hamburg Airport", und die Engländer hatten großes Interesse an schnellen Verbindungen in die Heimat. Bereits im Jahre 1946 begann die britische Besatzungsmacht daher, mit der British European Airways (BEA) einen zivilen Linienflugdienst einzurichten. Ab dem 1. September wurde zweimal täglich die Strecke London – Amsterdam – Hamburg – Berlin bedient. Das naturbelassene Rollfeld wurde für die größeren und schwereren Flugzeuge zunächst auf einer Länge von 1500 Metern mit einer Stahlplattenbahn versehen. Doch das Verkehrsaufkommen wuchs schneller als erwartet. Der BEA folgte Anfang 1947 die Scandinavian Airlines System (SAS), wiederum ein halbes Jahr später setzten auch wieder die niederländische KLM und die belgische Sabena zur Landung auf Hamburg Airport an. Hamburg hatte als eine der ersten deutschen Städte wieder Anschluss an den europäischen Luftverkehr gefunden. Daraufhin übertrug die Royal Air Force die Flughafenaufsicht dem Civil Aviation Board (CAB). Der Flughafen musste dem gestiegenen Verkehrsaufkommen dringend angepasst werden. Dazu sollte die provisorische Stahlplattenbahn durch zwei 45 Meter breite betonierte Startbahnen, die sich kreuzten, ersetzt werden. Bahn I wies eine Länge von 1880 Metern und Bahn II eine Länge von 1470 Metern auf. Die zusätzlichen Rollbahnen mit Anschluss an das Vorfeld plante man mit einer Länge von insgesamt 2500 Metern, und das Vorfeld sollte nun endlich eine Betondecke erhalten. Vor dem Bau der Startbahn II mussten jedoch zunächst das Flüsschen Tarpenbek auf einer Länge von zwei Kilometern um 500 Meter nach Westen verlegt sowie weitere Drainagemaßnahmen ergriffen werden. Auch die Flugsicherung sollte modernisiert werden: Die Start- und Landebahnen sollten mit Unterflurleuchten ausgestattet und durch Hochleistungsleuchten begrenzt werden. Dazu kam eine neue Anflugbefeuerung, die den Piloten bereits etwa einen Kilometer vor dem Bahnkopf den Weg zum Landestreifen wies. Für das Jahr 1951 war der Einbau eines Instrumentenlandesystems vorgesehen.

Die Ausbaupläne wurden im Winter 1947/48 dem Hamburger Tiefbauamt zur Ausführung übertragen. Im April 1948 begannen 800 Arbeiter mit den Erdarbeiten für den Umbau, doch knapp drei Monate später stand Hamburg Airport eine erste Bewährungsprobe bevor.

„IHR VÖLKER DER WELT ... SCHAUT AUF DIESE STADT!"

Am Nachmittag des 24. Juni 1948 griff Lucius D. Clay, der amerikanische Militärgouverneur in Deutschland, zum Telefon und rief den Befehlshaber der amerikanischen Luftstreitkräfte in Europa, Generalleutnant Curtis E. LeMay, an: „Haben Sie Flugzeuge, die Kohle transportieren können?"

„Was transportieren?"

„Kohle!"

„Ich kann Sie nicht richtig verstehen. Es klingt so, als fragten Sie nach Flugzeugen, die Kohle transportieren können?

„Genau das meine ich."

„Die Air Force transportiert alles!"

Was war geschehen? – Bereits zu Beginn des Jahres 1948 hatte sich der Streit zwischen der Sowjetunion und den westlichen Alliierten um den sowjetischen Alleinvertretungs-

1945–1955

anspruch für Berlin zugespitzt. Als am 20. Juni von den Westalliierten ohne Rücksprache mit den Sowjets in den drei Westzonen Deutschlands die fast wertlose Reichsmark durch die neue D-Mark ersetzt wurde, reagierte die sowjetische Militäradministration drei Tage später zunächst mit der Einführung der Ost-Mark, die sich über alle vier Sektoren Berlins erstrecken sollte. Tatsächlich ging es um den sowjetischen Alleinvertretungsanspruch für die geteilte Stadt. Deshalb erklärten die Westmächte die russische Währungsreform kurzerhand für ungültig. Als unmittelbare Antwort darauf wurden von sowjetischer Seite aus sämtliche Land- und Wasserverbindungen zwischen den westalliierten Besatzungszonen und West-Berlin unterbrochen. Offen blieben lediglich die Luftkorridore. In der Nacht vom 23. Juni auf den 24. Juni 1948 gingen in West-Berlin die Lichter aus. Rund 2,2 Millionen Menschen, die größtenteils noch in den Trümmern hausen mussten, hatten plötzlich keinen Strom mehr, keine Kohle und keinen Treibstoff. Die Nahrungsmittelvorräte hätten etwa zwei Wochen ausgereicht. Den Alliierten war klar: Ein militärisches Vorgehen hätte mit großer Wahrscheinlichkeit einen dritten Weltkrieg ausgelöst. Sir Brian Robertson, der britische Militärgouverneur in Deutschland, sagte damals: „Es muss etwas geschehen, und es muss sofort geschehen. Solange die Mehrheit der Berliner Bevölkerung an ihrer Opposition gegen die Kommunisten festhält, werden die Russen nichts erreichen."

Die Berliner Luftbrücke – die größte Lufttransport-Aktion der Geschichte – begann am Abend des 25. Juni 1948 mit der Landung von drei vollbeladenen „Dakotas" der Royal Air Force auf dem Flugplatz in Gatow, dem einzigen betriebsbereiten Flugplatz im britischen Sektor der Stadt. Der Westteil Berlins benötigte pro Tag rund 2000 Tonnen Lebensmittel, doch eine voll beladene „Dakota" fasste maximal 2,5 Tonnen. In Robertsons Erinnerungen heißt es: „Von Anfang an gab es unendliche Schwierigkeiten. Der britische Basis-Flughafen Wunstorf bei Hannover war klein und für eine solche Operation schlecht gerüstet, denn wir hatten nicht einmal genügend Unterlegkeile ... In den ersten Wochen der Luftbrücke war das Wetter in ganz Deutschland miserabel, die Flugzeuge standen zentimetertief im Matsch. In Gatow musste häufig der Flugbetrieb ganz eingestellt werden, damit die auf der Rollbahn angestauten Wassermassen im wahrsten Sinn des Wortes weggefegt werden konnten, und an beiden Brückenenden gab es zu wenig Personal zum Be- und Entladen der Flugzeuge ..."

Doch die von der Royal Air Force eingeflogene Frachtmenge erreichte schon am 14. Juli die anfängliche Zielvorgabe von 840 Tonnen. Durch den Ausbau von Sicherheitsausrüstungen und die Verringerung der Treibstoffmenge konnte die Nutzlast der „Dakotas" um fast 25 Prozent auf rund 3,3 Tonnen erhöht werden.

Ein einmaliges Element der britischen Luftbrücke waren die Flugboote vom Typ „Short Sunderland". Ab dem 4. Juli starteten zwei Staffeln der abgerüsteten Maschinen auf der Elbe vor Hamburg-Finkenwerder und landeten drei Stunden später auf dem Wannsee. Die sowjetischen Proteste wurden

Für die skandinavische Gesellschaft Scandinavian Airline System, kurz SAS, war Hamburg Airport beinahe schon so was wie ein Heimatflughafen.

Im Jahre 1953 begannen am Rand des Hamburg Airport die Bauarbeiten für die ersten Hallen der Lufthansa Technik.

ignoriert. Und allein der Anblick der plump wirkenden Flugboote bewirkte bei der Berliner Bevölkerung eine enorme Stärkung ihrer Moral – ganz abgesehen von der Ladung, die aus Fleisch, Damenbinden, Zigaretten und vor allem aus Salz bestand, da die Aluminiumbauweise der Sunderlands gegen dieses aggressive Frachtgut immun war. Der „Wasserflugplatz" in Hamburg-Finkenwerder war jedoch nur bis Dezember 1948 in Betrieb. Er konnte nur bei Tage und einwandfreien Sichtflugbedingungen genutzt werden, denn es gab keinerlei Anflugfeuer, und die „Wasserstart- und -landebahnen" waren lediglich durch Bojen markiert. Außerdem wurde der Luftverkehr immer stärker, sodass die „Sunderlands" durch ihre Geschwindigkeit die anderen Flugzeuge behindert hätten. „Ich bin 76 Mal nach Berlin geflogen", erzählte George Bonney, damals Navigator, „Nebel und tief liegende Wolken machten uns immer wieder schwer zu schaffen, und die Gewässer vor Finkenwerder, wo wir auf einem drei Kilometer langen Elbsektor wasserten und starteten, wimmelten von Schiffswracks und anderen Unterwasserhindernissen sowie von Sandbänken, zwischen denen wir uns durchschlängeln mussten. Auf dem Rückflug haben wir dreimal unterernährte Berliner Kinder mitgenommen. Sie mussten auf dem nackten Fußboden unseres Flugboots sitzen und waren glücklich, wieder an Land zu kommen."

Das größte Problem war die Versorgung der Stadt mit Brennstoff zum Heizen und der Antrieb von Kraftfahrzeugen. Erst als der erste Benzin-Großtransport am 27. Juli 1948 in Berlin eintraf, begriff die Bevölkerung endgültig, dass sie von den Westmächten tatsächlich nicht im Stich gelassen werden würden. Am 9. September 1948 versammelten sich mehr als 300 000 Menschen vor dem Schöneberger Rathaus, um die Rede von Berlins Regierendem Bürgermeister Ernst Reuter zu hören, die in die Geschichte eingehen sollte: „Ihr Völker der Welt, ihr Völker in Amerika, in England, in Frankreich, in Italien! Schaut auf diese Stadt und erkennt, dass ihr diese Stadt und dieses Volk nicht preisgeben dürft und nicht preisgeben könnt...!"

Da die Kapazität der drei ursprünglichen Flugplätze der Alliierten in den Westzonen – Wunstorf, Rhein-Main und Wiesbaden – schon bald nicht mehr ausreichte, wurde zunächst in

Die englische Transport-
maschine AVRO „685 York"
fasste 9500 Kilo Ladung.

Die mächtigen „Sunderland"-Flug-
boote starteten von Teufelsbrück an
der Elbe und landeten auf der Havel.
Sie transportierten vor allem Salz,
da sie aus Aluminium gefertigt waren.

1945 – 1955

aller Eile ein alter Luftwaffen-Flugplatz in Fassberg in Betrieb genommen. Kurz darauf folgten auch die Flughäfen in Celle, Lübeck-Blankensee sowie Schleswigland bei Schleswig und am 5. August 1948 als letzter (und einziger ziviler Flughafen) Hamburg-Airport. Bis zum Ende der Luftbrücke sollten von hier fast die Hälfte aller Treibstofflieferungen nach Berlin ausgeflogen werden.

Ursprünglich hatte man in Hamburg mit der Fertigstellung der beiden gekreuzten Start- und Landebahnen erst im März 1949 gerechnet, doch nun arbeiteten 1400 Arbeiter rund um die Uhr in drei Schichten. So konnten die neuen Start- und Landebahnen mit der modernen Anflugbefeuerung schon am Silvestertag des Jahres 1948 in Betrieb genommen werden.

„Es roch furchtbar nach Krieg", erinnerte sich der ehemalige Hamburg-Airport-Verkehrsleiter Alfred Fries, „rund um die Uhr wurde geschuftet und geflogen. Es fehlte an geeignetem Ladegerät. Bei Nebel wurden Leuchtkugeln, Scheinwerfer und Öllampen eingesetzt. Die Maschinen starteten in Fünf-Minuten-Abständen, und wenn ein Pilot beim ersten Anflug die Landung nicht schaffte, musste er umkehren und seine Ladung wieder zurückbringen." Einige der britischen Besatzungen hatten noch wenige Jahre zuvor Bomben auf die Stadt abgeworfen, der sie jetzt – zum Teil unter Lebensgefahr – zu Hilfe eilten. Unfälle waren unvermeidbar. Insgesamt kamen bei den Luftbrückeneinsätzen der britischen Streitkräfte 16 britische, ein südafrikanischer und ein australischer Militärangehöriger sowie 21 zivile britische Flugbesatzungsmitglieder ums Leben. Mit 31 Todesopfern waren die Verluste der Amerikaner ähnlich hoch, und auch neun deutsche Zivilisten verloren ihr Leben.

Nach 322 Tagen, am 12. Mai 1949, hoben die Sowjets die Blockade auf. Insgesamt 13 500 Luftbrückenflüge (von insgesamt 227 246 Flügen der Alliierten, daneben fertigte die Hamburger Flugsicherung auch knapp 6000 Linien- und 500 Charterflüge ab) waren vom Hamburg Airport aus gestartet. Die Berliner Luftbrücke war Geschichte. Doch bis heute hält sich das Gerücht, dass bis zum 4. Oktober 1990, dem Tag nach der deutschen Wiedervereinigung, auf dem Flugplatzgelände unter dem Decknamen „Marktwirtschaft" heimlich schweres Ladegerät, Transportfahrzeuge, Gabelstapler und Laufbänder gelagert wurden. Denn der Westen wollte für eine eventuelle weitere Berlin-Blockade gewappnet sein.

ENGLÄNDER UND DEUTSCHE ARBEITETEN SEITE AN SEITE

Währenddessen versuchte man auf internationaler Ebene, neue Grundlagen für einen friedlichen zivilen Luftverkehr zu schaffen. Die Angst vor der militärischen Nutzung der Luftfahrttechnologie und der Wille, sie friedlich und wirtschaftlich einzusetzen, wurden in der Präambel der Konvention der International Civil Aviation Organization (ICAO) formuliert, die sich am 4. April 1947 unter der Teilnahme von 52 Staaten konstituiert hatte. Deutschland war nicht vertreten gewesen. Eines der wichtigsten Ergebnisse der Konferenz war die bindende Definition der „Fünf Freiheiten der Luft", mit der die Überflug-, Lande- und Transportrechte im internationalen Luftverkehr festgeschrieben wurden. Dieser Konvention konnte sich die Bundesrepublik erst im Jahre 1956 anschließen. Denn Deutschland verfügte in den Nachkriegsjahren weder über hoheitliche Organe noch über eine zivile oder gar militärische Luftfahrt. Nach der Proklamation der Alliierten vom 20. September 1945 war den Deutschen der Betrieb und der Besitz von Luftfahrzeugen aller Art verboten.

Für die Gesetzgebung und die Verwaltungshoheit waren die Besatzungsmächte zuständig. Erst im Jahre 1949, dem Gründungsjahr der Bundesrepublik und dem Inkrafttreten des Grundgesetzes, gingen die Aufgaben der Militärregierun-

Hamburg Airport war der einzige deutsche zivile Flughafen, der von den Alliierten in die Berliner Luftbrücke eingebunden war.

1945 – 1955

gen auf die „Hohen Kommissare" über. Im Oktober 1950 übergab dann das britische Civil Aviation Board die Administration wieder der Hamburger Flughafen Verwaltung GmbH, die so schnell wie möglich das moderne, auf Arbeitsteilung beruhende System der Bodenverkehrsdienste einführte, um es auch kleineren Fluggesellschaften zu ermöglichen, Hamburg Airport anzufliegen, selbst wenn sie über keine eigene Bodenorganisation verfügten. Zu diesen Vorfelddiensten gehörten auch die Fluggast-, Gepäck- und Frachtabfertigung. Deutsche Angestellte und Beamte arbeiteten jetzt zunehmend an der Seite der Engländer – allerdings nur am Boden.

Trotz vieler ungeklärter rechtlicher Rahmenbedingungen, trotz etlicher Außenhandelsbeschränkungen und trotz des eklatanten Devisenmangels existierten am Hamburg Airport bereits mehrere Luftfrachtlinien: Schon im Jahre 1947 hatten sich in Hamburg mehrere interessierte Firmen zur Gemeinschaft Hamburger Luftfrachtagenten zusammengeschlossen; sieben Luftfrachtspeditionen gründeten das Hamburger Luftfrachtkontor, und im Jahre 1948 entstand die Gemeinschaft der Luftfrachtspediteure: Nähmaschinennadeln nach Rio, Leicas nach Hongkong, Schallplatten nach Südamerika und Brillengläser nach Finnland. Auch Schiffsersatzteile, Medikamente, Blumen, Tropenfische und Ziervögel wurden zunehmend per Flugzeug befördert.

Schließlich ging auch die Flugsicherung wieder in deutsche Hände über und wurde der neu geschaffenen Bundesanstalt für Flugsicherung unterstellt. Am 1. Juli 1953 wehte der Union Jack zum ersten Mal nach acht Jahren nicht mehr über dem Hamburg Airport. Sämtliche Verwaltungsfunktionen übernahmen jetzt die Deutschen, nur das Fliegen war ihnen noch verboten.

Dabei starteten in diesem Jahr von Hamburg aus wöchentlich 24 Flüge in die USA, je zehn nach Südamerika und Fernost, neun nach Südafrika und sieben in den Nahen Osten. Es schien, als wäre Hamburg Airport in der Zukunft als zentraler deutscher Ausgangspunkt für den interkontinentalen Flugverkehr vorgesehen. Entsprechend stieg auch das Passagieraufkommen: 1951 zählte man 211 771 Fluggäste, 1953 waren es schon 356 386. Die Zahl der planmäßigen Flugbewegungen erhöhte sich im gleichen Zeitraum von 17 644 auf 40 696.

Während die ausländischen Flughäfen von 1946 bis 1955 eine durchschnittliche Steigerung der Fluggastzahlen von 12,8 Prozent aufweisen, lag diese in Hamburg bei über 30 Prozent.

Diese positive Entwicklung verlief jedoch nicht geradlinig, denn gerade Hamburgs Funktion als „Brückenkopf" in Richtung Berlin sorgte für erhebliche Schwankungen im Verkehrsaufkommen, je nachdem wie sich die politische Lage und die Situation auf den Transitstrecken veränderten. Und im Prinzip existierte auch nach wie vor eine – wenn auch „kommerzielle" – Luftbrücke. Dabei überwog der Frachtverkehr von West-Berlin in die Bundesrepublik. Ausgeflogen wurden jedoch nicht nur hochwertige Industriegüter, sondern sogar Massengüter wie Schrott! Das Frachtvolumen in Fuhlsbüttel stieg von knapp 3000 Tonnen im Jahre 1950 auf 47 000 Tonnen im Jahre 1953 (davon 45 000 Tonnen im Berlin-Verkehr) und sank 1955 wieder auf insgesamt 14 000 Tonnen ab. Doch der Keller des Hauptgebäudes hatte längst sein Fassungsvermögen erreicht. Deshalb nutzte man provisorisch die alte Flughalle A zunächst als Zwischenlager. Schließlich wurde sie ganz zur Frachthalle umgebaut. Dem Aufkommen des Jahres 1953 war aber auch diese Halle nicht lange gewachsen, sodass auf dem Vorfeld eine Fläche reserviert wurde, die nun ein direktes Verladen von Lkw auf Flugzeuge und umgekehrt ermöglichte – wie damals während der Berliner Luftbrücke.

DIE LUFTHANSA TECHNIK AM HAMBURG AIRPORT

ALLES EINE FRAGE DER TECHNIK

UNTERNEHMEN LUFTHANSA III

Am 2. Dezember 1953 schloss die LUFTAG, die Entwicklungsgesellschaft der Lufthansa, einen langfristigen Mietvertrag mit der Hamburger Flughafengesellschaft über die Errichtung einer technischen Basis. Links am Tisch der damalige Hamburger Wirtschaftssenator Karl Schiller.

Die Gründung der Hamburger Lufthansa Werft (heute Lufthansa Technik AG) war eng mit der Neugründung der Lufthansa Anfang der 50er-Jahre verknüpft. Im Wirtschaftswunderland hatten praktisch alle großen westdeutschen Städte um den Sitz der neuen Lufthansa gebuhlt. Doch es war speziell dem besonders engagierten Leiter des Amtes für Verkehr, einem Mann namens Helmut Schmidt, zu verdanken, dass sich das legendäre „Büro Bongers" in Köln dafür entschied, Hamburg und nicht München den Vorzug als Standort für die neue technische Basis der Lufthansa-Werft geben.

Damals sprachen in erster Linie operationelle Gründe dafür, die Basis sowie das Zentrum des Flugbetriebs der neuen deutschen Airline nicht in die Mitte des Landes, sondern an die Peripherie der Bundesrepublik zu legen. Langstreckenflüge – so die Vision aus dem Januar 1952 – hätten dann bei Zwischenlandungen zusätzliche Passagiere an Bord nehmen können. Gegen den Flughafen München-Riem, Hamburgs stärksten Mitbewerber, sprachen die höhere Lage, das wärmere Klima sowie die auf zwei Millionen D-Mark geschätzten höheren Betriebskosten pro Jahr. Von besonderer Bedeutung waren damals aber auch Fragen nach dem freundlichen „Entgegenkommen" einer Stadt: ob die neuen Anlagen zunächst gemietet werden könnten und nicht gekauft werden müssten, und natürlich auch, ob die Möglichkeit bestehen würde, den kommenden Führungskräften kurzfristig genügend zuschussfreien und adäquaten Wohnraum bereitzustellen ...

Hamburg konnte. Helmut Schmidt, der spätere fünfte deutsche Bundeskanzler, schrieb im Namen des Hamburger Wirtschaftssenators Professor Karl Schiller, den berühmten Brief, dass es der Hansestadt grundsätzlich möglich sei, „all Ihren Wünschen in angemessener Weise entgegenzukommen". Als die Lufthansa-Basis in Hamburg am 31. März des Jahres 2005 ihren 50. Geburtstag feierte, sagte er in seiner Geburtstagsansprache: „Ich war stolz darauf, dass ich für Hamburg-Fuhlsbüttel den Standort der technischen Basis, der Werft also, ergattern konnte. Ich wusste natürlich: Daraus werden in Zukunft Tausende Arbeitsplätze entstehen. So ist es dann tatsächlich ja auch gekommen..." Schmidt hatte der Lufthansa das Versprechen abgerungen, nur die leitenden Angestellten und Meister aus den Reihen der ehemaligen Lufthansa zu rekrutieren. Die zukünftigen Facharbeiter sollten bevorzugt in Hamburg angeworben werden.

Die Lufthansa Werft war schon vor der Aufnahme des planmäßigen Lufthansa-Verkehrs betriebsbereit. Seit dem 29. November 1954 hatten die zunächst 124 Mitarbeiter in der schon fertiggestellten Hälfte der Doppelhalle an den ersten beiden „Convair"-Maschinen üben dürfen. Doch die Arbeit bewegte sich am Rande der Legalität: Bis zum 5. Mai 1955 besaß die Bundesrepublik ja weder Souveränität noch Lufthoheit, und so waren unangemeldete Kontrollbesuche britischer Offiziere keine Seltenheit, die in jedem Konstruktionsplan den Neubeginn einer flugzeugtechnischen deutschen Wiederaufrüstung vermuteten.

1957 gingen bereits zwei weitere Hallen, ein „Triebwerks-Shop" mit angeschlossener Galvanik (Metallveredelung durch chemische und elektrochemische Prozesse) sowie ein Verwaltungsgebäude inklusive einer Kantine in Betrieb. Bis dahin hatten die Mitarbeiter zumeist in einer rustikalen Gaststätte am Rande des Betriebsgeländes gegessen, wo die Essensmarken der Lufthansa problemlos in Butter umgetauscht werden konnten.

Mit der Landung der ersten Boeing 707 der Lufthansa in Hamburg am 2. März 1960 begann aber auch für die Werft das Jetzeitalter. Nicht einmal zwei Jahre später stand die erste Lärmschutzhalle der Welt. Da hatte die amerikanische Luftfahrtbehörde FAA den deutschen Technikern, die bereits erste eigene Reparaturverfahren entwickelt hatten, längst die Genehmi-

Die Lufthansa Technik AG ist Weltmarktführer im „MRO-Geschäft" – „Maintenance, Repair, Overhawl" (Instandhaltung, Reparatur, Wartung).

UNTERNEHMEN
LUFTHANSA III

Lufthansa Technik AG betreut rund 2000 Flugzeuge – vom großen D-Check bis hin zu Lackierarbeiten und kompletten Triebwerksreparaturen.

gung erteilt, auch Flugzeuge und Triebwerke amerikanischer Airlines zu warten und instand zu halten. Dieses sogenannte MRO-Geschäft („Maintenance, Repair and Overhaul", Instandhaltung, Reparatur und Wartung) mit Fremd-Airlines wurde in den folgenden Jahrzehnten zu einem kräftigen Wachstumsmotor. Mit dem Höhenflug der sparsameren Großraumflugzeuge und der Implementierung neuer Techniken wie dem verstärkten Einsatz von Mikroelektronik und neuen Computern ging auch der Ausbau des Technikressorts der Lufthansa Werft voran; darüber hinaus wurden Anfang der 1990er-Jahre eine neue Überholungshalle sowie die modernste Lackierhalle der Welt errichtet. Um jedoch die internationale Wettbewerbsfähigkeit zu sichern, wurde die Lufthansa AG Mitte der 1990er-Jahre in sieben eigenständige Geschäftsfelder aufgeteilt: Daraus gründete sich 1994 die Aktiengesellschaft Lufthansa Technik AG, die ihre einstige Muttergesellschaft inzwischen zu ihren heute rund 700 Kunden zählen darf.

Bis zum heutigen Tag ist Hamburg Firmensitz, Kompetenzzentrum und Steuerzentrale des aktuellen MRO-Weltmarktführers geblieben, der weltweit mehr als 26 000 Menschen in rund 60 Wartungsstationen und 40 Tochterfirmen und Beteiligungsgesellschaften beschäftigt. Allein 8000 Mitarbeiter sind auf dem 750 000 Quadratmeter großen Hamburger Werksgelände tätig. 2009 wurde das zukunftsweisende Forschungs- und Entwicklungszentrum für den Geschäftsbereich „Cabin Innovation" eingeweiht, wo in erster Linie neue Bordunterhaltungs- und Managementsysteme, aber auch neue Sitzkonzepte entwickelt werden. Der Triebwerks-Shop ist das größte von einem Hersteller unabhängige Überholungszentrum für Triebwerke der Welt. Eigens entwickelte Instandsetzungsverfahren wie etwa der Advanced Recontouring Process (ARP) tragen zu einer höheren Qualität und Lebensdauer der Verschleißteile bei: Dabei erhalten abgenutzte Verdichterschaufeln in einem robotergesteuerten Schleifvorgang eine neue Profilkontur, die den Schaufeln ein perfektes aerodynamisches Profil zurückgibt, was letztlich den Treibstoffverbrauch senkt. Außerdem können die Schaufeln mit dem Roboter vier- statt dreimal aufgearbeitet werden, was die Lebensdauer erhöht und gleichzeitig die Materialkosten senkt.

Lufthansa Technik betreut weltweit über 2000 Flugzeuge. Dabei werden in Hamburg jährlich rund 250 000 Flugzeug-

Für die Anwohner des Hamburg Airport war die neue Lärmschutzhalle für Triebwerksprobeläufe eine lohnende Investition.

UNTERNEHMEN LUFTHANSA III

komponenten geprüft, repariert, bearbeitet oder wiederaufbereitet; vom Fahrwerk und den Navigationscomputern über hydraulische und pneumatische Systeme bis hin zur Bordküche. Die Arbeitsmaxime lautet „Schnelligkeit ohne Qualitätsverlust". Denn neben der Sicherheit interessieren den Kunden vor allem die weiterlaufenden Kosten, und ein Flugzeug am Boden kann sich nun einmal nicht rentieren.

Die Ersatzteilpools umfassen allein in Hamburg mehrere Millionen Teile, von der einzelnen Schraube über Komponenten wie Cockpitinstrumente bis hin zu kompletten Triebwerken. Bei Bedarf gehen die Ersatzteile von Hamburg aus per Luftfracht sofort an den Kunden heraus; das zu bearbeitende Gebrauchtteil wird aufgearbeitet und anschließend, beinahe neuwertig, wieder im Pool hinterlegt. Die Vorteile dieses Ersatzteilmanagements bestehen darin, dass alle Geräte im Pool sich immer auf dem vorgeschriebenen neuesten technischen Stand befinden. Außerdem besitzt das Unternehmen die Zulassung als Hersteller von Ersatzteilen für Luftfahrzeuge. Und wenn es einmal ganz schnell gehen muss, werden von Hamburg aus die Flying Doctors in Marsch gesetzt, die Airline Support Teams (AST®). Diese Teams bestehen aus besonders qualifizierten Ingenieuren und Mechanikern, die auf Abruf innerhalb weniger Stunden an jedem Ort der Welt Schäden an Triebwerken oder Flugzeugzellen reparieren können.

Darüber hinaus gilt die Lufthansa Technik in Hamburg schon seit Jahrzehnten als „erste Adresse" für die individuelle Ausstattung von VIP-, Geschäftsreise- und Regierungsflugzeugen. Rund 400 hoch qualifizierte Facharbeiter und Kunsthandwerker arbeiten mit höchstmöglicher Diskretion daran, die zum Teil doch ziemlich ungewöhnlichen Wünsche der gut betuchten Privatkunden umzusetzen. Grundsätzlich können Flugzeuge mit nahezu jedem erdenklichen Luxus ausgestattet werden. Und von der modernen Kommunikationstechnik eines Büros oder einer Regierungszentrale bis hin zum plüschigen Komfort eines nachempfundenen orientalischen Beduinenzeltes sind den Ausstattungswünschen in der Regel nur dort Grenzen gesetzt, wo sie von der Flugphysik (und damit auch vom gesetzlichen Rahmen der Luftfahrtbehörden) vorgegeben werden: Wenn ein Kunde daher auf einer Badewanne, einem Whirlpool oder gar einem Schwimmbecken an Bord seines Jets besteht, muss leider selbst der Weltmarktführer passen.

Kein Flugzeug von der Stange gibt's in Hamburg – für diejenigen, die für das individuelle Innenleben ihrer Privatjets das notwendige Kleingeld besitzen.

WARTUNG AM HAMBURG AIRPORT

CHECK, CHECK!

HINTER DEN KULISSEN

Kein anderes Verkehrsmittel wird so häufig und intensiv auf Materialverschleiß und technische Fehler geprüft wie das Flugzeug: Die Wartung beginnt im Grunde schon mit dem vorgeschriebenen Pre-Flight Check, wenn die Cockpit-Besatzungen oder Mechaniker das Flugzeug vor dem Start auf äußere Beschädigungen oder Leckagen überprüfen. Beim Ramp Check testen Mechaniker einmal täglich einzelne Funktionen, überprüfen Reifen und Bremsen und füllen gegebenenfalls Öl, Hydraulikflüssigkeiten und Wasser nach. Der einmal wöchentliche Service-Check ist ein größerer Ramp Check, bei dem weitere systemrelevante Flugzeugkomponenten getestet werden. Alle 350 bis 650 Flugstunden – also etwa einmal im Monat, je nach Flugzeugtyp – muss der A-Check durchgeführt werden, ein erweiterter Service-Check, der auch eine gründliche Überarbeitung der Kabine beinhaltet. Der B-Check, der nur bei sehr wenigen Flugzeugtypen ausgeführt werden muss, ist ein wenig umfangreicher als der A-Check. Der C-Check gilt als Grenze von der Wartung zur Überholung. Dieser Check ist in der Regel alle 15 bis 18 Monate fällig und beinhaltet eine detaillierte Inspektion der Flugzeugstruktur inklusive gründlicher Systemtests. Der IL-Check (Intermediate Layover) ist wie der B-Check nur für wenige Flugzeugtypen vorgeschrieben und beinhaltet zusätzlich zum C-Check die Überprüfung der gesamten Rumpf- und Flügelstruktur. Die Kabine wird komplett überholt, der Lack gegebenenfalls ausgebessert. Der D-Check schließlich entspricht der Generalüberholung eines Flugzeugs und ist – je nach Alter und

Wenn ein Flugzeug nicht gerade fliegt, wird seine Technik nach genau vorgegebenen Intervallen auf Verschleiß und Fehler geprüft. Denn Sicherheit ist das höchste Gut.

Kilometerleistung – alle fünf bis zehn Jahre vorgeschrieben. Dabei wird jedes Einzelteil untersucht und bei Bedarf ausgetauscht, wobei alle Produktverbesserungen des jeweiligen Herstellers berücksichtigt werden. Abschließend erhält das Flugzeug eine neue Lackierung. Für den D-Check eines Jumbo-Jets (nach 55 000 Flugstunden) werden zwischen 30 000 und 50 000 Arbeitsstunden veranschlagt. Er dauert zwischen vier und sechs Wochen und kostet die Fluggesellschaft in der Regel bis zu sechs Millionen Euro.

Zeit ist Geld – nicht nur bei den notwendigen Checks, sondern auch im ganz normalen Flugalltag. Eine Maschine rentiert sich schließlich nur, wenn sie möglichst häufig in der Luft ist. Dementsprechend rationell und eingespielt geht es auch auf dem Vorfeld zu: In der Regel dauert es nur 30 Minuten, bis ein gelandetes Flugzeug abgefertigt wird und wieder zur Startbahn rollt...

UP, UP AND AWAY: BOXENSTOPP AM HAMBURG AIRPORT

HINTER DEN KULISSEN

9.50 Pünktlicher Touchdown des Fluges EZY 5343 aus London-Gatwick, gestartet um 7.10 Uhr Ortszeit, auf der Bahn 15 aus Richtung Norderstedt.

9.52 Der vor vier Wochen ausgelieferte Airbus A319 G-EZFX rollt auf das nördliche Vorfeld, wo er auf Position 55 eingewiesen wird.

9.53 Mit schweren Holzblöcken fixieren die Mitarbeiter des Ground Handlings die Räder des Fahrwerks. Auf der linken Seite werden zwei Treppen zum Aussteigen ans Flugzeug gerollt.

9.54 Für die 137 Passagiere an Bord des Easy-Jet-Fluges stehen Busse bereit, die sie zum Non-Schengen-Eingang der Terminals zur Passkontrolle bringen werden. Gleichzeitig wird auf der anderen Seite des Flugzeugs das Gepäck entladen.

9.56 Der Erste Offizier Manuel Vignoni auf seinem Rundgang ums Flugzeug, der vor jedem Start stattfindet. Das zweiköpfige Pilotenteam wechselt sich bei den Flügen ab: Nach Hamburg ist Vignoni geflogen, den Rückflug nach London wird Flugkapitän Chris Hammond übernehmen. Der A319 benötigt für die Strecke nach London-Gatwick etwa 4000 Liter Treibstoff. Die Betankung dauert ungefähr zehn Minuten.

10.00

In der Kabine laufen bereits die letzten Vorbereitungen der Flugbegleiter für den Rückflug nach England. Die Handgepäckfächer sind leer, die letzten Gurte werden für die neuen Passagiere auf den Sitzen ordentlich bereitgelegt. Manuel Vignoni gibt die Informationen für den Rückflug in den Bordcomputer ein.

69 sicherheitsüberprüfte Gepäckstücke mit einem Gesamtgewicht von 1042 Kilogramm werden eingeladen.

10.03

135 Passagiere „plus 2" treffen mit dem Bus auf der Parkposition des EZY-Fluges 5344 ein. Plus 2 heißt in der Fachsprache, dass die Crew zwei Babys, die keinen eigenen Sitzplatz benötigen, an Bord begrüßen kann.

10.06

Ramp Agent Andreas Zinke bei seinem letzten Rundgang um den A319. Er hat mit dem Cockpit bereits alle Informationen zu Passagierzahl, Wetter, Beladung und Slots ausgetauscht. Flugkapitän Hammond holt die Erlaubnis zum Start der Turbinen ein und gibt Zeichen, dass das Flugzeug zum Start bereit ist. Nach Rücksprache mit dem Piloten werden auf Andreas Zinkes Zeichen hin die Bremsblöcke vor und hinter den Flugzeugreifen von einem weiteren Vorfeldmitarbeiter weggezogen.

10.12

„Two running engines. Prepare aircraft to taxi!", hört Andreas Zinke per Funk aus dem Cockpit. „Aircraft prepared to taxi!", gibt er zurück.

10.14

Der Airbus A319 rollt Richtung Startbahn.

10.15

Flug EZY 5344 nach London-Gatwick hebt ab.

10.20

1953–1960

HAMBURGS TOR ZUM HIMMEL WIRD AUSGEBAUT

WIR BRAUCHEN MEHR PLATZ !

1953 – 1960

Der Stolz der neuen Lufthansa war die Langstrecken-Flotte, bestehend aus vier „Lockheed Super Constellation", dem vielleicht „erotischsten" Flugzeug, das jemals geflogen wurde. Ab 1956 begann mit Condor der Charterflug (rechts). Die erste Reise führte deutsche Pilger nach Israel.

Der enorme Aufschwung des Luftverkehrs in Fuhlsbüttel war auf verschiedene Faktoren zurückzuführen: Hamburg Airport, obwohl von einem großen Teil seines ehemaligen Einzugsgebietes abgeschnitten, profitierte von seiner Brückenkopf- und Drehscheibenfunktion nach West-Berlin und Skandinavien. Wegen seiner geografischen Lage im Norden der Bundesrepublik wurden damals die meisten Auslandsrouten der skandinavischen Luftverkehrsgesellschaften über Fuhlsbüttel geführt; für die SAS war Hamburg Airport sogar der wichtigste Auslandsflughafen. Außerdem konnte Hamburg als traditionelle Handelsstadt (und nach New York die Metropole mit den meisten Konsulaten weltweit) auf ein natürliches Potenzial an Geschäftsreisenden zurückgreifen. Darüber hinaus begann, wenn auch nur zögerlich, der Flugreiseverkehr – die Flugtouristik: Denn mit der Steigerung der Einkommen wuchs auch die Bereitschaft, für die erhebliche Zeitersparnis einer Flugreise im Vergleich zu den Landverkehrsmitteln mehr zu zahlen. Und der Vergleich zur Schiffsreise ergab noch im Jahre 1951 bei den ankommenden Passagieren in Hamburg nur ein leichtes Übergewicht der Fluggäste gegenüber den Schiffsreisenden. Fünf Jahre später schon hatte sich dagegen dieses Verhältnis auf 5:1 zugunsten der Flugzeugpassagiere verschoben.

Das Passagieraufkommen in Fuhlsbüttel stieg von 1955 bis 1959 von 452 843 auf 737 695 Fluggäste. Die Zahl der Flugzeugbewegungen kletterte von 46 000 auf annähernd 52 000. Im Jahre 1955 wurden nochmals 50 Hektar Land hinzugewonnen, und die Hauptstartbahn wurde auf 2260 Meter verlängert. Auch das Flüsschen Tarpenbek verschwand nun endgültig von der Oberfläche – es wurde ebenso wie der Rakmoorgraben unter die Erde verbannt. 1957 entstand das Verwaltungsgebäude Nord, außerdem wurden die Umlaufstraßen am Rande des Flughafengeländes und weitere Werkstätten fertiggestellt. Und wegen des steigenden Luftpostaufkommens musste auch ein Luftpostamt errichtet werden.

Trotz dieses enormen Aufschwungs ging es am Hamburg Airport damals auch manchmal gemütlich zu. Noch heute wird zum Beispiel gern die Geschichte des einflussreichen griechischen Industriellen erzählt, dessen Anruf die Flughafenverwaltung dazu veranlasste, ein bereits startklares Flug-

Den innerdeutschen Verkehr nach Berlin bestritten ausschließlich ausländische Fluggesellschaften, vor allem die amerikanische Pan Am. Sie wollte Hamburg Airport ursprünglich auch zu ihrem Drehkreuz für den Interkontinentalverkehr machen.

1953 – 1960

zeug so lange am Boden warten zu lassen, bis der verspätete Herr sich bequemt hatte, an Bord zu gehen.

EIN NEUER GROSSFLUGHAFEN SOLLTE GEBAUT WERDEN

1951 hatte man wie geplant das Instrumenten-Landesystem (ILS), 1955 einen neuen Radarturm in Betrieb genommen. Doch im Grunde hinkte Hamburg Airport trotz aller Bemühungen, Schritt zu halten, der rasend schnellen technischen Entwicklung hinterher. Schließlich hatte das Jet-Zeitalter in Hamburg bereits im Jahr 1959 mit einer Boeing 707 der Pan Am begonnen, mit der die Verbindung Kopenhagen–Hamburg–London–New York bedient wurde. Doch damit ergaben sich für den Hamburger Flughafen mehrere neue Probleme: Düsenmaschinen benötigten längere Startbahnen, als in Fuhlsbüttel vorhanden. Diese Flugzeuge waren zwar auch bequemer für die Reisenden, aber sehr viel lauter für die Menschen, die in der Nähe des Flughafens und in den Einflugschneisen lebten und den Überflug bei Start und Landung ertragen mussten. Und darüber hinaus mussten die Check-ins und Abfertigungsanlagen beinahe schon jährlich erweitert werden, um die hohen Zuwachsraten des Luftverkehrs und das gestiegene Passagieraufkommen zu bewältigen.

Daraufhin kursierten in den nördlichen Bundesländern plötzlich mehrere Pläne für den Bau eines neuen Großflughafens außerhalb des Stadtgebiets. Man konnte schließlich davon ausgehen, dass auch die Lufthansa über kurz oder lang ihre Flotte mit den neuen Jets bestücken würde. Der konkreteste dieser Pläne sah ein gewaltiges Luftkreuz des Nordens rund 40 Kilometer nördlich von Hamburg auf dem Gelände eines ehemaligen Militärflughafens in Schleswig-Holstein vor. Dieser Großflughafen Kaltenkirchen sollte bis zu 15 Millionen Fluggäste pro Jahr abfertigen können. Sein Abfertigungsbereich würde von zwei parallel verlaufenden Start- und Landebahnen mit einer Länge von je 4000 Metern und einer Breite von 60 Metern umgeben, die auch für Überschallflugzeuge geeignet wären. Die erste Ausbaustufe war mit etwa 800 Millionen Mark veranschlagt. Vor allem das strukturschwächere

Eine Besichtigungstour Mitte der 1950er-Jahre.
Wenn es regnete oder schneite,
wurden die Vorhänge einfach zugezogen.

Schleswig-Holstein witterte die Chance auf Arbeitsplätze und Gewerbesteuereinnahmen. Eine Denkschrift des Kieler Wirtschaftsministeriums führte die schlagenden Argumente ins Feld, dass bei Kaltenkirchen keine großen Bodenbewegungen erforderlich wären und das 2100 Hektar große Gelände sich ja bereits in Staatsbesitz befinde, während ein Ausbau des Hamburger Flughafens auf moorigem Untergrund erfolgen müsste und der zusätzliche Grund und Boden aus Privatbesitz erfahrungsgemäß nur mit hohen Entschädigungskosten zu beschaffen sei. Überdies wäre mit dem „Kaltenkirchen-Projekt" auch die aufkeimende Diskussion um die erhöhte Lärmbelastung für die mittlerweile dicht besiedelten Stadtteile Niendorf, Groß Borstel und Langenhorn (die zum Teil schon bis an die Flughafenumrandung stießen) vom Tisch gewesen.

Dabei war bereits am 30. Oktober 1957 die Entscheidung gefallen, Hamburg Airport für 70 Millionen D-Mark zu einem Düsenflughafen auszubauen. Mit diesem neuerlichen Ausbau würde die Fläche des Hamburger Flughafens seit seiner Gründung im Jahr 1911 um das Vierzehnfache wachsen. Die beiden Startbahnen sollten auf 3620 und 3250 Meter Länge ausgebaut werden. Bei verringertem Startgewicht – nicht voll betankt – konnten die großen Jets zwar von den meisten westdeutschen Flughäfen starten, doch zum Nonstop-Flug über den Atlantik, der volle Tanks erfordert, konnten sie nur

1953 – 1960

Mehrköpfige Cockpitbesatzungen waren in den 1950er-Jahren normal: Inzwischen wurden der Flugingenieur, der Navigator und der Funker durch moderne Technik abgelöst.

vom Frankfurter Rhein-Main-Flughafen abheben (mittlere Düsenmaschinen wie auch die in Deutschland eingesetzte „Caravelle" kamen natürlich mit kürzeren Bahnen aus). Aber der Großflughafen Kaltenkirchen blieb ein heftig diskutiertes Politikum.

Am 2. März 1960 schwebte dann die erste Boeing 707 der Lufthansa zur Landung auf Hamburg Airport herein. Die deutsche Fluggesellschaft hatte jetzt nicht nur den Anschluss an die Entwicklung des modernen Flugzeitalters gefunden, sondern schickte sich an, in Europa vorauszufliegen. Sie war eine der ersten Airlines, die ihre Langstreckenflotte konsequent auf den neuen Antrieb umstellte. Ihre „erotischen Super-Connys" flogen zwar noch fünf Jahre über den großen Teich, aber selbst die neu geschaffene „Senator"-Luxusklasse an Bord der viermotorigen Maschinen konnte die Abwanderung der Passagiere in die beinahe 350 Stundenkilometer schnelleren Jets nicht verhindern.

KLEINE GEMEINDE GANZ GROSS

Die verlängerte Startbahn I wurde im Oktober 1960 fertig. Hamburg lag zu diesem Zeitpunkt auf Platz zwei der Rangliste der deutschen Flughäfen. Allerdings hatte man in der Hansestadt auch eine dicke Kröte zu schlucken, denn das Lufthansa-Management hatte sich inzwischen für den Frankfurter Rhein-Main-Flughafen als zentralen Ausgangspunkt für den interkontinentalen Verkehr entschieden, der wegen sei-

WASSERSPIELE

In den 1950er-Jahren besaß Hamburg Airport eine kleine private Badeanstalt: Eigentlich war es nur ein großer Springbrunnen, der in die Grünanlagen hinter dem Empfangsgebäude auf der Vorfeldseite eingebettet lag. Doch in den heißen Sommermonaten nutzten vor allem die skandinavischen Stewardessen die Standzeiten ihrer Maschinen für eine Ganzkörper-Erfrischung. Sehr zum Leidwesen der Mitarbeiter im direkt dahinter liegenden Verwaltungsgebäude verschwand der Swimmingpool im Rahmen von Umbauarbeiten um das Jahr 1960 herum.

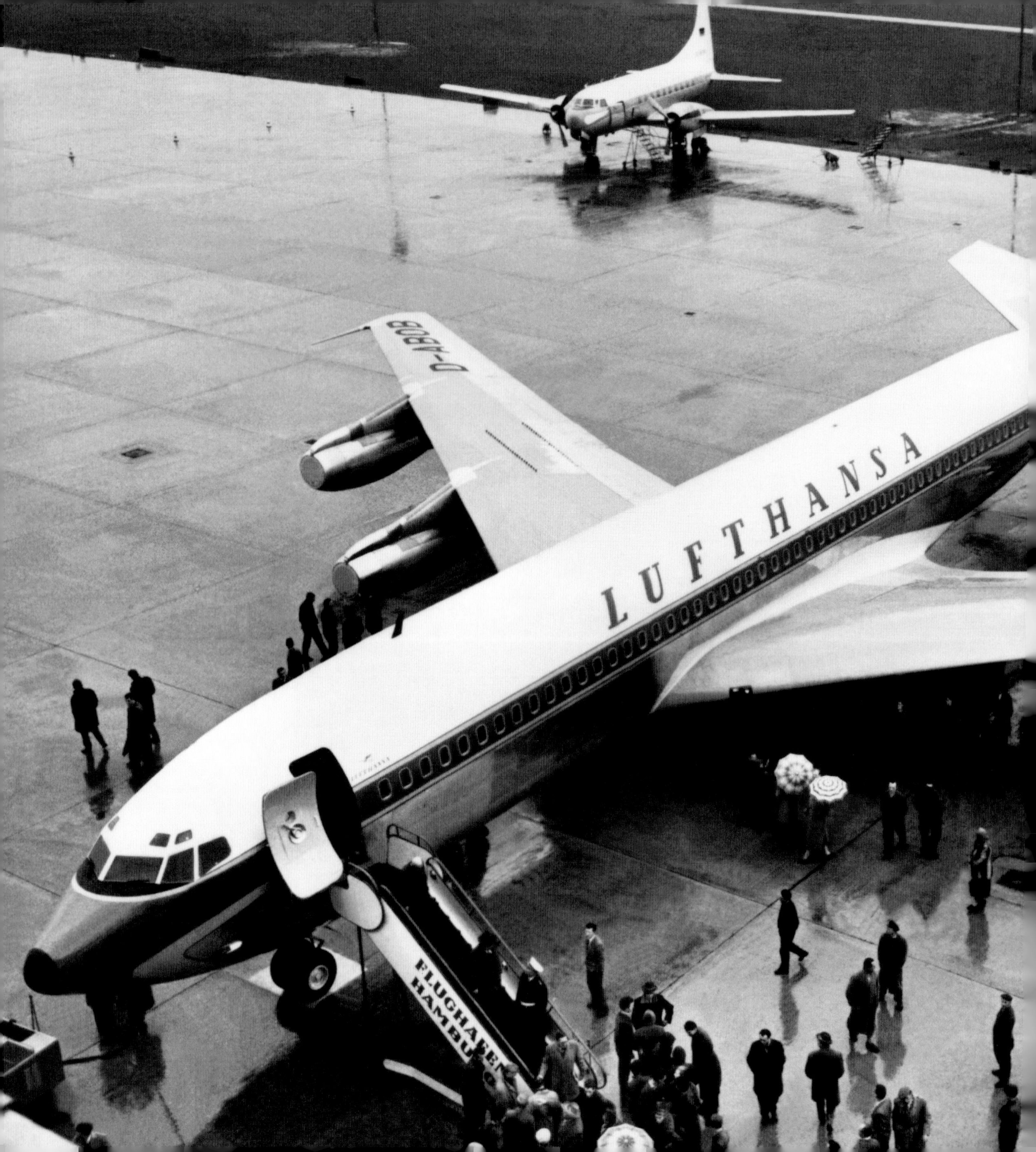
D-ABOB
LUFTHANSA
FLUGHAFEN
HAMBURG

Am 2. März 1960 setzte auch die Lufthansa Düsenflugzeuge ein: Die erste Boeing 707 landete in Hamburg.

ner zentralen geografischen Lage als „Drehkreuz" für Zubringerflüge besser geeignet war als das doch peripher gelegene Hamburg. Dennoch stiegen die Passagierzahlen am Hamburg Airport in atemberaubender Geschwindigkeit: Bereits im Jahre 1960 wurde die Millionengrenze beinahe überschritten.

Die vorgesehene Verlängerung der Startbahn II dagegen wurde zum Ärgernis: Denn die schleswig-holsteinische Gemeinde Garstedt im Norden weigerte sich standhaft, die für den Ausbau notwendigen Flächen zur Verfügung zu stellen, und wurde dabei von ihrer Landesregierung massiv unterstützt, die ja nach wie vor das Projekt Kaltenkirchen durchdrücken wollte. In ihrer Verzweiflung entwickelten die Hamburger Flughafenplaner auch abstruse Ideen: Es gab zum Beispiel die Überlegung, die Startbahn bis an die Umrandung des Flugfeldes zu verlängern. Wenn dann ein Jet zum Start rollte, sollten Drehschranken und Warnlampen den Autoverkehr auf der benachbarten Straße wegen der heißen Abgase aus den Turbinen unterbrechen. Das Hamburger Abendblatt titelte damals: „Beim Start der Düsenflugzeuge Stop für Autos".

Als „Gegenleistung" für die Erweiterung – die Begriffe „Erpressung" und „Nötigung" machten damals die Runde – verpflichtete Hamburg sich letztendlich, Garstedt in das Hamburger U-Bahn-Netz einzubinden, einen Bahnhof zu bauen und die verlängerte Startbahn für eine neue Verbindungsstraße zu untertunneln. Außerdem wurden der Gemeinde Straßen- und Schulbauten spendiert. So wurden erst im Jahre 1964 die Arbeiten zur Verlängerung der Bahn II beendet. Das

1953 – 1960

Flughafengelände hatte sich damit erneut beträchtlich erweitert. Es umfasste jetzt eine Fläche von rund 600 Hektar. Doch was passierte nun mit dem Projekt Kaltenkirchen?

Es sollte Landespolitiker, Verkehrsplaner und -experten, Architekten und Ingenieure, Richter, Staats- und Rechtsanwälte, Gutachter sowie Tausende von Bürgern, die sich zu Initiativen zusammengeschlossen hatten, noch jahrelang beschäftigen. Erst am 3. November 1983 erklärten Hamburg und Schleswig-Holstein einvernehmlich, dass sie nicht mehr beabsichtigten, den Großflughafen Kaltenkirchen zu verwirklichen. In einem Rahmenabkommen einigte man sich am 25. Mai 1984 in den komplizierten Abwicklungsfragen; gleichzeitig wurden „gemeinsame Maßnahmen zur Sicherung eines reibungslosen Luftverkehrs in Fuhlsbüttel" beschlossen. Als besonders dringlich betrachtete man vor allem die Verbesserung der Anbindung des Flughafens an die Autobahn A 7 Flensburg – Hannover. Für das Kaltenkirchener Flughafengelände wurde eine land- und forstwirtschaftliche Nutzung vorgesehen, und so rückten statt Baukolonnen mit großen Baggern bloß ein paar Waldarbeiter mit kleinen Pflanzmaschinen an. Die Devise lautete nun: Bäume statt Beton.

Das vieldiskutierte Projekt Großflughafen Kaltenkirchen kam nach jahrzehntelanger Debatte nicht über das Modellstadium hinaus.

CELEBRITIES AM HAMBURG AIRPORT

WENN PROMINENTE REISEN

HINTER DEN KULISSEN

„Diskretion ist unsere große Stärke", sagt Uwe Scharlock, Betriebsleiter im Passagierservice am Hamburg Airport. Wenn diese Abteilung für die Betreuung von VIPs angefordert wird, dann erwarten die Prominenten, Politiker oder gekrönten Häupter, dass ihr Aufenthalt am Hamburg Airport entspannt verläuft und möglichst keine Kameras und Neugierige sich in ihrer Nähe befinden.

Dass Fans wie zu Zeiten der Beatles-Mania das Vorfeld stürmen, um das Flugzeug mit ihrem Star (oder ihren Stars) am Abflug zu hindern, ist heute allein schon wegen der extremen Sicherheitsbarrieren schier unmöglich. Darüber hinaus wollen die Stars und Sternchen heute – von Ausnahmen abgesehen – lieber unauffällig reisen, wie Steffi Graf, die vom Hamburger VIP-Team im Jahre 2002 als junge Mutter gemeinsam mit ihrem Sohn Jaden Gil an der Öffentlichkeit vorbei an Bord ihres Flugzeugs geschleust wurde.

Uwe Scharlock redet nicht viel über seine VIPs. Doch er empfiehlt allen Prominenten, keine großen Sonnenbrillen und als Mann keine rosafarbenen Rüschenhemden zu tragen. „Dann wird man auch nicht sofort von den anderen Passagieren erkannt." James-Bond-Darsteller Pierce Brosnan, der 1997 am Hamburg Airport eine Szene für „Der Morgen stirbt nie" drehte, hatte dagegen kein Problem mit seinem Bekanntheitsgrad: Er verzichtete auf den üblichen Kofferservice und stellte sich höchstpersönlich ans Kofferband.

Komplizierter wird es, wenn Politiker und gekrönte Häupter am Hamburg Airport aufschlagen: „Bei Staatsbesuchen informiert uns die Senatskanzlei über die jeweiligen Anforderungen – also beispielsweise, wie viele Limousinen zum Flughafen kommen sollen und wer wann, wie und von wem begrüßt wird", erzählt Scharlocks Kollegin Heike Kretzschmar, ebenfalls Betriebsleiterin im Passagierservice. Uwe Scharlock sagt lächelnd: „Einmal bin ich während des Besuchs der Delegation eines europäischen Königshauses in ein Fettnäpfchen getreten. Als sich der zu betreuende Gast nach der Landung hinter das Steuer der wartenden Limousine setzte, sagte ich zu einer ungeduldigen blonden Dame, die neben mir stand: ,Wenn sich Seine Königliche Hoheit jetzt nach hinten setzt, würde das Ganze ja auch ein bisschen schneller gehen.' Ihre Antwort lautete: ,Na ja, mein Schwiegervater fährt immer selbst!' Dass ich die Prinzessin nicht erkannt hatte, war mir schon etwas unangenehm."

Von 1974 bis 1982 trug Hamburg Airport einen Spitznamen: „Regierungsflughafen z.b.V. Hamburg Fuhlsbüttel". Denn damals war ein Mann Bundeskanzler, der schon als kleiner Buttje häufig nach Fuhlsbüttel gepilgert war, um „Flugzeuge zu gucken" und Anfang der 1950er-Jahre als Leiter des Hamburger Amtes für Verkehr dafür gesorgt hatte, dass die Lufthansa-Werft in Hamburg gebaut wurde – und der nun Hamburg Airport, vor allem jedoch der Flugsicherung, häufig die Haare zu Berge stehen ließ. 25 Staatsoberhäupter und 18 Regierungschefs schwebten während Helmut Schmidts Kanzlerschaft in Hamburg ein, wobei einige dieser Staatsbesuche bis heute das Zeug zur

1961

1962

1962

1972

117

Im Uhrzeigersinn: Bundeskanzler Konrad Adenauer auf Wahlkampfreise. Frankreichs Staatspräsident Charles de Gaulle bei seinem ersten Deutschlandbesuch. Im selben Jahr, Edward Kennedy auf der Durchreise nach Frankfurt zum Amerika-Haus. Willy Brandt kurz nach seiner Wahl zum Bundeskanzler. Während Helmut Schmidts Kanzlerschaft besaß Hamburg Airport einen Spitznamen: „Regierungsflughafen z. b. V. Hamburg Fuhlsbüttel" – hier mit dem Ersten Bürgermeister Peter Schulz (links) beim Staatsbesuch des jugoslawischen Staatspräsidenten Josip Broz Tito.

1978

1966

1967

Im Uhrzeigersinn: Die Beatles auf der „Bravo"-Blitztour. Die Rolling Stones treten am Abend in der Ernst-Merck-Halle auf. Die deutsche Fußballnationalmannschaft fliegt zur WM nach England. Roger Moore auf Promo-Tour für seinen ersten James-Bond-Film „Live and Let Die". Ella Fitzgerald am Vorabend ihres Konzerts in der Hamburger Musikhalle. Hildegard Knef nach der Vorstellung ihres Buches „Der geschenkte Gaul". Walt Disney, Vater der Micky Maus.

1958

1970

1965

DER MASSENTOURISMUS EROBERT DIE LUFT

TICKETS FÜR ALLE

1961–1983

„Flughafenbauten sind funktionale Zweckbauten. Sie sind durch neue zu ersetzen, wenn sie ihrem Zweck nicht mehr genügen." Mit dieser einfachen Formel des ehemaligen Hamburger Oberbaumeisters Hans-Dietrich Gropp aus dem Jahre 1964 lassen sich wohl am einfachsten die umfangreichen Bauarbeiten erklären, die am Hamburg Airport Ende der 1950er-Jahre begannen und eigentlich erst kurz vor dem 100. Geburtstag des ältesten deutschen Flughafens abgeschlossen wurden. „Das Leben ist eine Baustelle" heißt ein bekannter Spielfilm aus dem Jahre 1997, dessen süffisanter Titel in den allgemeinen deutschen Sprachgebrauch einging – auf dem Hamburger Flughafen war dies schon weit früher der Fall.

Als Hamburgs damaliger Zweiter Bürgermeister Edgar Engelhard am 9. November 1961 das umgebaute und erweiterte Abfertigungsgebäude einweihte, ernteten die Baumeister um Gropp uneingeschränktes Lob: „Fluggast müsste man sein", hieß es in den Schlagzeilen, „Fuhlsbüttel bleibt up to date" oder einfach nur „Flughafen o. k.!".

Zu diesem Zeitpunkt konnte das „neue" Zentralgebäude, das 14 Millionen D-Mark gekostet hatte, noch die erhöhten Anforderungen erfüllen, die mit den größeren Düsenflugzeugen und dem wachsenden Flugverkehr einhergingen: Länger als 200 Meter musste kein Passagier laufen, um zu seinem Gate zu gelangen, von dem ihn dann ein Bus zum Flugzeug brachte. Ankunft und Abflug befanden sich nun auf zwei getrennten Ebenen; im Untergeschoss konnten die ankommenden Passagiere an den drei revolutionären automatischen Karussells „Kofferroulette" spielen.

Tatsächlich aber wurde nur wenige Tage später bereits der einmillionste Fluggast (des Jahres) in Hamburg begrüßt. Und hinter den Kulissen hatten sich die Planer längst schon wieder über ihre Reißbretter gebeugt. Denn kein Flughafenprojekt war mehr so langlebig, dass es nicht binnen Kurzem neu überdacht werden musste. Die Beliebtheit des Luftverkehrs wuchs viel schneller und gewaltiger, als selbst in den kühnsten Prognosen vorausgesagt. So wurde Hamburg Airport für die kommenden beinahe 40 Jahre ein – wenn auch funktionales – bauliches Provisorium. 1967 zählte man mehr als zwei Millionen Passagiere und 1970 bereits 3,1 Millionen

1961 ist die neu gestaltete Abflughalle fertig (links). 1963 entsteht die erste Lärmschutzhalle bei der Lufthansa Technik.

LEICHT VERFLOGEN

1961 – 1983

Am 31. Mai 1967 steuerte Rodolfo Bay Wright, Chef der spanischen Fluggesellschaft Spantax, höchstpersönlich eine nagelneue „Convair Coronado" von Palma de Mallorca nach Hamburg. Insgesamt waren 128 Passagiere und neun Besatzungsmitglieder an Bord. Es war ein Werbeflug für Journalisten und Vertreter von Reiseveranstaltern, um für mehr Zuverlässigkeit bei der damals umstrittenen spanischen Airline zu werben. Der Tower am Hamburg Airport hatte bereits die Landeerlaubnis erteilt, aber die Maschine kam nicht in Sicht. Kurze Zeit später landete die „Convair" dann doch: allerdings auf der damals nur 1360 Meter langen Werkspiste der Hamburger Flugzeugbau GmbH (HFB) in Hamburg-Finkenwerder. Wright brachte immerhin das fliegerische Glanzstück fertig, den Jet nur wenige Meter vor dem Ende der eigentlich 300 Meter zu kurzen Piste zum Stehen zu bringen. Die Passagiere kamen mit dem Schrecken davon. Sie wurden mit Bussen zum Hamburg Airport gefahren. Dieser Zwischenfall brachte der Spantax – die später Konkurs ging – in Pilotenkreisen den Spottnamen „Finkenwerder-Airlines" ein, weil sie als einzige Liniengesellschaft jemals die Elbhalbinsel angeflogen hat.

Passagiere. Zu diesem Zeitpunkt war das „neue" Abfertigungsgebäude von 1961 erneut aus- und umgebaut worden. Die Abfertigung – mit 24 Check-in-Schaltern auf der oberen Ebene – war übersichtlicher geworden und arbeitete durch das neue Förderband, das hinter den Schaltern entlanglief und die Gepäckstücke zur Verteilerstation im Untergeschoss transportierte, auch viel rationeller. Die acht Wartezonen, die ausreichend Platz für bis zu 800 Passagieren gleichzeitig boten, wurden durch mobile Zwischenwände variabel gestaltet, doch schon knapp drei Jahre später platzte die Abfertigung in Spitzenzeiten sprichwörtlich aus allen Nähten, wenn bis zu 1500 Passagiere gleichzeitig einchecken wollten. Denn am 30. März jenes Jahres, dem Ostermontag, war erstmals ein Jumbojet – eine Boeing 747 – nach einer Ehrenrunde über der Stadt am Hamburg Airport gelandet und wurde dort von einer großen Menschenmenge so begeistert empfangen wie die Beatles in London: Tausende von Zaungästen durchbrachen die Barrieren und stürmten einfach aufs Flugfeld, um dem Elefanten der Lüfte ganz nahe zu sein. Für den Bodenservice eines Flughafens stellten diese neuen „Großraumflugzeuge" eine enorme Herausforderung dar. Schließlich konnten vier Flüge à 90 bis 120 Passagiere weitaus relaxter abgefertigt werden als 400 Menschen auf einen Schlag. Extra für den Jumbo wurde daher zum Winter 1970

Die neuen Großraumjets vom Typ Boeing 747 stellten für jeden internationalen Flughafen bei der Abfertigung der Passagiere eine enorme logistische Herausforderung dar.

fangreichen Lärmschutzbemühungen, die Hamburg Airport bereits initiiert hatte. So boten attraktive „Flüsterprämien" – nach Umweltaspekten gestaffelte Flughafengebühren – den Airlines neuerdings größeren Anreiz, auf leisere Flugzeuge umzusteigen. Ein weiterer günstiger Effekt war die Treibstoffersparnis, denn der Rohstoff Öl würde mittel- bis langfristig immer knapper und teurer werden.

Doch das Fliegen in solchen gigantischen Ausmaßen erforderte auch ein Denken in neuen Dimensionen und mehr Flexibilität. Größere Passagier- und Frachtkapazitäten bedeuteten schließlich nicht zwangsläufig einen höheren Verbrauch an Treibstoff, im Gegenteil. Die enorm hohen Zuwachsraten im Luftverkehr der 60er-Jahre waren auf das allgemeine Wirtschaftswachstum und die Steigerungen des Volkseinkommens zurückzuführen gewesen. Außerdem wurde das Fliegen zunehmend billiger: Durch die erhöhten Passagierkapazitäten der immer größeren Flugzeuge sanken die Betriebskosten eines Flugzeugs und somit auch die Ticketpreise. Darüber hinaus setzte auch ein immer stärker werdender internationaler Wettbewerb unter den großen Linienfluggesellschaften ein, der dann mit dem Beginn der sogenannten Liberalisierung des Luftverkehrs in den USA im Jahre 1978 einen gewaltigen Schub nach vorn erhielt: Die Airlines konnten nun ohne jede Restriktion jedes Ziel anfliegen, die Ticketpreise wurden im freien Wettbewerb gehandelt, und es sollte nicht mehr allzu lange dauern, bis diese Öffnung des Marktes auch in Europa greifen würde.

eine eigene Abfertigungsposition eingerichtet, zu der ein Fluggaststeg mit zwei beweglichen Fluggastbrücken („Finger"), ein großer Warteraum und sogar eine eigene Gepäckumschlagsanlage gehörten. Und dass so ganz nebenbei auch die Belastbarkeit des Vorfeldes mit etlichen zusätzlichen Zentimetern Stahlbeton erhöht werden musste, versteht sich wahrscheinlich von selbst.

Die Großraumjets wiesen den zukünftigen Weg der Luftfahrttechnik: Die Konstrukteure waren sich endlich der Notwendigkeit einer erhöhten Umweltfreundlichkeit bewusst geworden. Ihr Bemühen, vor allem die Lärmbelästigung durch möglichst leise Triebwerke zu reduzieren, ergänzten die um-

Im April 1976 landete der luxuriöse Überschalljet „Concorde" auf dem Hamburg Airport. Nicht ganz so schnell, aber mit mehr Platz in der Lounge der First Class auf dem Oberdeck reiste man im „Jumbo".

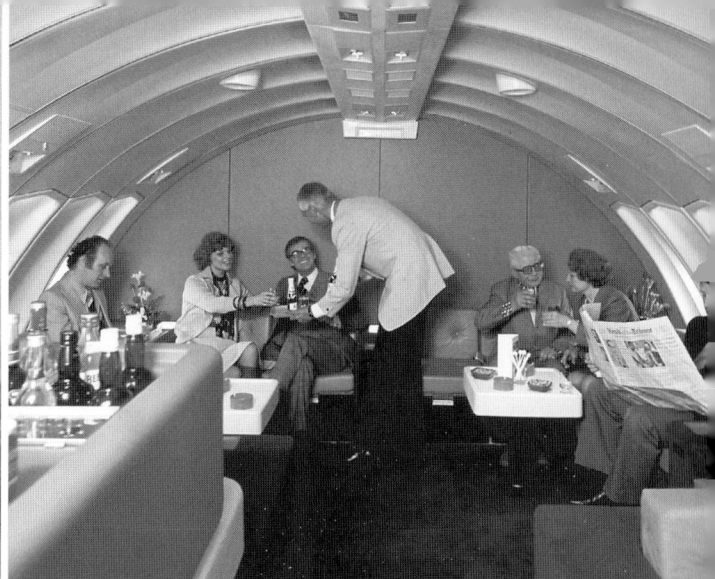

MIT DEM FLUGZEUG IN DIE SONNE

Mallorca, Gran Canaria, Teneriffa: Schon Ende der 1960er-Jahre begann der verhältnismäßig neue Chartertourismus zu boomen und erreichte Zuwachsraten, wie sie bis dahin einfach niemand für möglich gehalten hatte. Die Fliegerei begann ihren exklusiven Charakter endgültig zu verlieren, je mehr das Flugzeug zum Massenverkehrsmittel avancierte. Während sich die Passagierzahlen im Linienverkehr von 1965 bis 1970 verdoppelten, verdreifachten sie sich in der Flugtouristik: 1968 wurde ein Zuwachs von 38,9 Prozent erreicht, 1969 waren es sogar 42,1 Prozent – und Hamburg Airport lag dabei noch über dem Bundesdurchschnitt. Die Folge: Rucksacktouristen, Gastarbeiter, quietschvergnügte Kinder mit Sandschaufeln, gestresste Familienväter und die feinen Geschäftsleute mit Aktentaschen traten sich in den Wartezonen des Abfertigungsgebäudes zunehmend gegenseitig auf die Füße.

Die Einrichtung einer Sonderflughalle, die aus Aluminium-Fertigbauteilen und Thermopane-Fenstern zusammengeschraubt und an die Nordseite des Abfertigungsgebäudes gesetzt wurde (und unter dem Spitznamen „Charterstübchen" eine zweifelhafte Berühmtheit erlangen sollte), brachte nur eine kurzfristige Entlastung. Daran änderten auch der „Ölschock" im Jahre 1973 und der wochenlange Bummelstreik der deutschen Fluglotsen im selben Jahr kaum etwas, denn diese Konjunkturhemmnisse ließen zwar für einen über-

Die „HFB 320 Hansa Jet" war das erste deutsche in Serie gebaute Verkehrsflugzeug mit Strahlantrieb. 47 Exemplare des Geschäftsflugzeugs wurden ausgeliefert.

schaubaren und kurzen Zeitraum die Passagierzahlen und Frachtraten sinken, doch im Grunde war allen Experten klar, dass sich die Luftfahrt schon aufgrund der zunehmenden Globalisierung ziemlich schnell und immer wieder von solchen wirtschaftlichen Einbrüchen erholen würde. Die langfristigen Wachstumschancen des Luftverkehrs wollte niemand ernsthaft bestreiten, was nicht zuletzt auch durch das ehrgeizige europäische Flugzeugprojekt Airbus unterstrichen wurde, das inzwischen auch mit einem Werk in Hamburg-Finkenwerder angetreten war, den amerikanischen Platzhirschen Boeing und McDonnell-Douglas Konkurrenz zu machen. Am 9. Februar 1976 übernahm die Lufthansa auf dem Werksflughafen, damals noch bei Messerschmitt-Bölkow-Blohm (MBB), ihren ersten Airbus A300.

1976 wurde die dringend benötigte Charterflughalle fertiggestellt, die unter Verwendung der alten Flugzeughalle B aus den 1920er-Jahren umgebaut worden war. In dem 1800 Quadratmeter großen Abfertigungsgebäude konnten 600 Fluggäste gleichzeitig einchecken. Dies entprach etwa dem Platzangebot von zwei Großraumflugzeugen. Bis 1987 musste

Mit der Einführung der elektronischen Datenverarbeitung verkürzten sich die Wartezeiten beim Einchecken.

1961 – 1983

Hamburg Airport noch mehrere solcher Um- und Erweiterungsbauten über sich ergehen lassen. Immer wieder mussten Lösungen für die immer größer werdenden Ströme von Menschen und Fracht gefunden werden. 1976 wurde die Erweiterung der Luftfrachtanlage abgeschlossen, 1980 eröffnete das Abfertigungsgebäude Inland, 1982 ging eine neue Charterhalle in Betrieb. Mitte der 1980er-Jahre wurde die Berlin-Ankunft in den innerdeutschen Bereich verlegt, sodass nun im Auslandswarteraum fast 50 Prozent mehr Platz vorhanden war. Das Leben am Hamburg Airport war – im übertragenen Sinne – eine einzige Baustelle. In der Chronik zum 75-jährigen Jubiläum wurde dieses stilistische Durcheinander wohlwollend als „architektonisches Gleichgewicht" beschrieben. Da war im Hintergrund bereits die Entscheidung für eine radikale Umwandlung gefallen; für ein Programm, das den Bau eines völlig neuen Terminals und eines Piers mit elf Fluggastbrücken sowie eines neuen Parkhauses vorsah; für rund 200 Millionen Mark. Die Ausschreibung im Jahre 1986 – einen internationalen Architektenwettbewerb – gewann das Hamburger Büro von Gerkan, Marg und Partner. Sieben Jahre später sollte ein völlig neues Terminal stehen.

STEWARDESS – EIN TRAUMBERUF MIT SCHATTENSEITEN
MÄDCHEN OHNE GRENZEN

HINTER DEN KULISSEN

Sie sind ja so hübsch anzusehen in ihren zumeist marineblauen Kostümen, die sich um ihre Mannequinfiguren schmiegen. Dazu tragen sie häufig ein Foulard um den Hals oder ein duftiges Halstuch und ein keckes, auf dem straffen Haarknoten thronendes Hütchen. Sie haben nylonbestrumpfte, endlos lange Beine und perfekt lackierte Fingernägel. Die Absätze ihrer Pumps trommeln auf den glänzenden Marmorböden der Flughafenhallen, wenn sie mit energischen Schritten ihren Piloten folgen. Jeder Passagier fühlt sich persönlich geschmeichelt, wenn sie dann im Eingang des Flugzeugs mit einem strahlenden Lächeln auch zum 200. Mal „Willkommen an Bord" sagen. Und wie schade, dass inzwischen immer häufiger Kollegin DVD die Live-Performance des „Stewardessen-Balletts" ersetzt.

Etwa 80 Prozent des Kabinenpersonals sind weiblich. Und um keinen anderen Frauenberuf ranken sich mehr Legenden als um den der Flugbegleiterin. Kaum ein anderes Frauenbild ist auch mit so vielen Vorurteilen behaftet: Ohne Partner und ohne richtige Heimat jettet die Stewardess rund um die Welt, startet in Frankfurt, landet in New York und aalt sich schon am übernächsten Tag auf Tahiti in der Sonne. Jetlag und Turbulenzen können ihr nichts anhaben, sondern höchstens der smarte Kapitän. Seltener der Copilot. Angeblich. Stets ist sie höflich, parliert häufig mehrsprachig, verhält sich mütterlich gegenüber unbegleiteten Kindern, ist freundlich zu allen und aufmerksam und mütterlich gegenüber den gestressten Geschäftsleuten. Wie viele Beziehungen wurden wohl schon dort oben geknüpft, zwischen einem dieser „Pin-ups der Lüfte" und einem Mann, der ihrem Charme hoffnungslos verfallen war? Denn das männliche Unterbewusstsein ist davon überzeugt, dass unter dem pflegeleichten, kühlen Stoff der Uniform in Wahrheit das Feuer der Leidenschaft lodert.

Über den Steward wollen wir an dieser Stelle und in diesem Zusammenhang nicht reden. Nur so viel: Männer durften zuerst an Bord bedienen. Der erste Steward trat seinen Job im Jahr 1911 auf dem Verkehrsluftschiff „LZ 10 Schwaben" an. Am 1. Mai 1927 setzte die Imperial Airways, Vorläuferin der heutigen British Airways, auf dem Flug London–Paris ebenfalls zum ersten Mal einen Luftbegleiter ein. Der erste deutsche Flugbegleiter bediente die Passagiere ab dem 29. April 1928 für die Deutsche Lufthansa AG regelmäßig auf der Strecke Berlin–Paris an Bord einer Junkers „G 31". Dann aber kam der Betriebsleiter der Boeing Air Transport, Vorläuferin der United Airlines, im Jahre 1930 auf den Gedanken, dass Frauen eine besonders beruhigende Wirkung auf Passagiere ausüben und damit auch die gefürchtete Flugangst verringern könnten. Schließlich waren Flugreisen zu jener Zeit noch etwas

Die Krankenschwester Ellen Church war die erste weibliche Stewardess der Welt – gegen den Willen der Piloten. Rechts oben: An Bord des Luftschiffes „Graf Zeppelin" durfte erst von den 1930er-Jahren an weibliches Kabinenpersonal die Gäste verwöhnen. Rechts unten: An Bord der „Focke Wulf-Condor" herrschte beinahe so viel Platz wie in einem Eisenbahnabteil.

1930

1936

133

1940

RAUCHER

1955

HINTER DEN KULISSEN

Geschafft! Die glücklichen Absolventinnen und Absolventen des ersten Lufthansa-Flugbegleiter-Lehrgangs. Die Stewardessen-Mode ist auch ein Spiegelbild der Modetrends quer durch die Jahrzehnte. Der Minirock erwies sich jedoch für die Arbeit an Bord als unpraktisch und wurde rasch wieder abgeschafft.

1965

1970

1972

Wer im September nach München fliegt,
kann bereits an der „Lufthansa-Dirndl-Edition"
erkennen, dass wieder Oktoberfest ist.

2004

2007

ungeheuer Exotisches und häufig auch mit heftiger Übelkeit verbunden. Am 15. Mai 1930 durfte deshalb die gelernte Krankenschwester Ellen Church (1905–1966) aus dem amerikanischen Bundesstaat Iowa als weltweit erste Stewardess den Flug einer dreimotorigen Boeing 80 A begleiten – übrigens gegen den erbitterten Widerstand der Stewards, der beiden Piloten sowie der Ehefrauen der beiden Piloten. In Europa dauerte es noch weitere vier Jahre, bis die Swissair eine junge Dame namens Nelly Diener als erste Flugbegleiterin einsetzte, die daraufhin eine vielfotografierte Berühmtheit wurde. Ab Juni 1938 setzte die Boeing Air Transport erstmals Frauen und Männer gemeinsam als Flugbegleiter ein.

Nach dem Zweiten Weltkrieg avancierte der Beruf der Stewardess zum Traumjob, und diejenigen Frauen, die ihn ausübten, besaßen nicht nur den Status einer Dame, sondern sie waren es: „Man musste sprachbegabt sein und unverheiratet, durfte keine Brille tragen und aus gutem Hause stammen", erinnert sich Margret Paech, die im Jahre 1964 erst einmal fünf Kilogramm abnehmen musste, bevor sie am ersten Kurs der neuen Frankfurter Flugbegleiter teilnehmen durfte. Alle großen Fluggesellschaften stellten solch hohe Anforderungen an ihr Kabinenpersonal. Denn es galt ja im weiteren Sinne auch als „Botschafter" des Landes, in der die jeweilige Gesellschaft ihren Sitz hatte.

In den 60er- und 70er-Jahren wurden die Uniformen der gesamten Crew zumeist von berühmten Couturiers entworfen, die diese Aufgabe als Ehre empfanden; vor allem die

REBECCA FRANZEN, FLUGBEGLEITERIN & STATIONSLEITERIN

WIR SIND HAMBURG AIRPORT

„Morgenmuffel haben keine Chance, denn das Briefing der Crew erfolgt in der Regel eine Stunde vorm Abflug", sagt Rebecca Franzen lachend. Eigentlich hatte sie sich „nur mal so, aus Spaß", bei der Air Berlin als Flugbegleiterin beworben. Daraus sind mittlerweile neun Jahre geworden, und Rebecca Franzen ist inzwischen Stationsleiterin ihrer Airline am Hamburg Airport, führt Mitarbeitergespräche, kümmert sich um Abläufe im Crewraum, fungiert in ihrer Position manchmal auch als Kummerkasten. „Ich bin sozusagen mit dem Unternehmen gewachsen", sagt sie. Aber die Fliegerei hat sie deswegen nicht aufgegeben. „Ich bin gern mit Menschen zusammen, man muss in diesem Job sehr flexibel sein, gut koordinieren können und lernen, Kritik nicht immer persönlich zu nehmen." Die Idee, sich als Stewardess zu bewerben, kam ihr durch den Beruf ihres Mannes: Der ist Pilot – allerdings bei der Lufthansa.

Air France flog modisch häufig weit voraus und beschäftigte vorzugsweise Christian Lacroix, Christian Dior oder Nina Ricci. Bloß mit der britischen Modeschöpferin Mary Quandt wurde niemand so recht glücklich: Zwar führten die meisten internationalen Fluggesellschaften in den 1970er-Jahren den Minirock ein, aber der erwies sich am luftigen Arbeitsplatz als unpraktisch, weil er einfach zu eng war. Doch ganz egal, ob nun Empire-Kleider, Mini- und Glockenröcke oder Hosenanzüge: An der Arbeitskleidung der Flugbegleiterinnen lässt sich die Geschichte der Mode mitverfolgen. Zurzeit beträgt die durchschnittliche Länge der Röcke etwa zwei Zentimeter unter- oder oberhalb des Knies.

Zurückhaltung ist gefragt: Der Schmuck sollte immer dezent sein, höchstens ein Ring pro Hand und vielleicht noch eine schmale Halskette. Langes Haar muss zum Zopf oder einem Dutt gebunden werden, grelle Haarfarben sind strikt verboten. Nichts soll die elegante Erscheinung einer Stewardess stören, deren Ausstattung für gewöhnlich zwischen 30 und 40 verschiedene Outfits und Accessoires umfasst, auch Mäntel und Handtaschen gehören dazu. Nur die Schuhe – im Falle der Lufthansa sind dunkelblaue Pumps aus Glattleder vorgeschrieben – müssen selbst gekauft werden. Etwa alle zehn Jahre wird die Arbeitskleidung den neuen Modetrends angepasst, wobei nichts dem Zufall überlassen wird. Gut sechs Monate dauern solche Praxistests für gewöhnlich, an denen besonders erfahrene Flugbegleiter und Flugbegleiterinnen teilnehmen und ihre Eindrücke akribisch notieren

ROT IST LECKERER

Das Phänomen „Tomatensaft im Flugzeug" gehört zu den letzten großen ungeklärten Rätseln im Flugwesen. Warum dieser Saft in Supermärkten wie Blei im Regal steht, aber in Flugzeugen geliebt wird, versuchen diverse Theorien zu erklären: Zum einen glaubt man an einen physiologischen Hintergrund (Veränderung des Geschmacksempfindens bei geringerem Druck oder die sogenannte Elektrolyt-Theorie); andere Experten sehen es eher psychologisch (der „Me-too-Effekt"). Die wahre Erklärung ist die Wissenschaft der Menschheit bisher jedoch schuldig geblieben. Fakt ist, das allein die Lufthansa jedes Jahr rund 1,5 Millionen Liter Tomatensaft an Bord ausschenkt. Noch interessanter ist die Feststellung des Verbandes der deutschen Fruchtsaftindustrie: In Deutschland werden pro Jahr ungefähr 40 Millionen Liter Tomatensaft getrunken oder verkocht, davon drei Prozent in der Luft. Beim Orangensaft macht der Anteil über den Wolken hingegen nur etwa 0,4 Prozent aus.

---

müssen, bevor dann rund 600 Kilometer der speziell entwickelten, möglichst pflegeleichten Stoffe für die rund 25 000 Angestellten in der Luft und am Boden zur neuen Arbeitskluft geschneidert werden. Übrigens: Die ersten Pilotinnen mussten sich anfangs mit umgeschneiderten Herrenuniformen begnügen. Erst seit 1991 fliegen sie bei der Lufthansa in einer eigens für sie entworfenen Arbeitskleidung, wobei die größte deutsche Airline seit ihrer Neugründung im Jahre 1955 auf die Farbkombination Blau-Gelb setzt, mit wenigen Ausnahmen, als in den 1960er- und 1970er-Jahren sporadisch kanariengelbe und türkisfarbene Uniformen auftauchten. Die Farbe Blau gilt jedoch nun mal als besonders seriös: Das Kabinenpersonal soll ja auch in in erster Linie Vertrauen erwecken, Verlässlichkeit ausstrahlen und so eine Wohlfühlatmosphäre für die Passagiere schaffen. Das Servieren von Getränken und Speisen ist eigentlich nur eine Nebentätigkeit; besonders in der am häufigsten frequentierten Economy Class. Dennoch wurde der äußerst uncharmante Begriff „Saftschubse" in die 23. Ausgabe des Dudens vom 28. August 2004 offiziell aufgenommen; eigentlich ein Wort, mit dem das Kabinenpersonal ursprünglich sich selbst auf die Schippe nahm. Denn die persönlichen Anforderungen und Voraussetzungen, die für diesen Beruf erfüllt werden müssen, gehen weit über die Tätigkeit einer „Trolley-Dolly" hinaus: Verlangt werden ausgeprägte Fähigkeiten in den Bereichen Kommunikation einschließlich interkultureller Kommunikation, soziale Kompetenz und emotionale Intelligenz, hohe Leistungsbereitschaft auch bei Belastungen, ausgeprägte Kontaktfreudigkeit, starke Serviceorientierung, Verantwortungsbewusstsein und Teamfähigkeit. Hinzu kommen die perfekte Handhabung der Sicherheits- und Rettungsausrüstungen eines Flugzeuges vor allem in Notsituationen, Kenntnisse der allgemeinen Medizin, der Ersten Hilfe, der Tropenmedizin, im Umgang mit behinderten und gebrechlichen Personen, die psychologische Eignung zur Deeskalation mit renitenten oder besonders sensiblen Passagieren. Und natürlich: Hingabe. Dies alles in extrem trockener Luft bei einem Luftdruck, der dem ständigen Aufenthalt in rund 2700 Meter Höhe entspricht, sowie bei erhöhter kosmischer Strahlung und erhöhten Ozonwerten.

Ist es daher nicht merkwürdig, dass dieser vielseitige und verantwortungsvolle Beruf bis heute keine staatliche Anerkennung besitzt? Flugbegleiter gelten in Deutschland formal als „nicht qualifizierte Arbeitskräfte". Der Grund hierfür ist, dass jede Fluggesellschaft ihr Personal nach individuellen ökonomischen Gesichtspunkten ausbildet und die Zeit der Ausbildung nicht der staatlich geforderten „Mindestausbildungszeit" entspricht. Bona von Pisa, die Schutzpatronin des Kabinenpersonals, wäre hiervon sicherlich nicht begeistert.

DIE FLUGSICHERUNG AM HAMBURG AIRPORT

SICHER IST SICHER

HINTER DEN KULISSEN

Rund 10 000 Flugzeuge sind täglich im deutschen Luftraum unterwegs; das sind etwa drei Millionen Flüge jährlich, und die Tendenz ist steigend. Deutschland ist jedoch einer der wenigen Staaten, der noch über genügend qualifiziertes Flugsicherungspersonal verfügt. Für die Flugverkehrskontrolle im deutschen Luftraum ist die bundeseigene, privatrechtlich organisierte DFS Deutsche Flugsicherung GmbH verantwortlich. In diesem Job sind teamfähige, nervenstarke und belastbare Menschen gefragt. Die Aufnahmeprüfung und die Ausbildung „on the job" sind der Verantwortung in diesem Beruf entsprechend anspruchsvoll. Dafür liegt aber auch das Einstiegsgehalt derzeit bei über 60 000 Euro im Jahr, das im Verlauf der Karriere schnell auf über 100 000 Euro steigen kann. Und mit 55 Jahren winkt bereits der Vorruhestand. Im Jahr 2000 wurde die DFS Deutsche Flugsicherung GmbH von der Organisation der internationalen Fluggesellschaften, IATA, für ihre hervorragende Leistung mit dem Eagle Award ausgezeichnet.

Die Bundesanstalt für Flugsicherung (BFS) nahm im Jahre 1953 ihren Betrieb auf. Zu ihren Aufgaben gehört naturgemäß die Überwachung des Luftverkehrs, der damals noch überschaubar war. Für die Ortung der damals etwa 70 000 Flüge im Jahr benötigten die Lotsen vor allem räumliches Vorstellungsvermögen: Da noch keine flächendeckende Radarüberwachung existierte, waren die Fluglotsen auf Positionsmeldun-

Der neue Tower wurde 1988 eröffnet. Die damals moderne Anflugkontrolle hatte Arbeitsplätze für acht Lotsen.

gen der Piloten sowie die Funkpeiltechnik angewiesen. Ihre zweite Hauptaufgabe war die Neuordnung des Luftraumes. Von 1954 an wurden sukzessive auf allen deutschen Verkehrsflughäfen moderne Instrumenten-Landesysteme und Rundsichtradaranlagen installiert. Ab 1959 wurden dann verbindliche An- und Abflugstrecken in das Luftstraßennetz integriert, denn der Luftverkehr wurde durch die zunehmende Einführung der Düsenflugzeuge sehr viel schneller. Die BFS wurde 1993 privatrechtlich organisiert, aus ihr ging die heutige DFS Deutsche Flugsicherung GmbH hervor.

Die An-und Abflugkontrolle (engl. Approach/Departure Control) ist neben der Bezirks- und der Platzkontrolle ein wesentlicher Teil der Flugverkehrskontrolle. Sie ist für die an- und abfliegenden Flugzeuge zuständig. Da sie ohne direkten Sichtkontakt zu den Flugzeugen arbeitet, kann sie für die Überwachung mehrerer benachbarter Flugplätze verantwortlich sein: für Hamburg Airport ist das Area Control Center Bremen zuständig. Die Anflugkontrolle wird von Center-Lotsen durchgeführt. Sie „übernehmen" gestartete Flugzeuge noch im Steigflug von der Platzkontrolle und führen sie zumeist über standardisierte SIDs (Standard Instrument Departure) zu einer Luftstraße. Jeder Airport hat verschiedene SIDs für alle seine Runways in verschiedene Richtungen, jede SID endet an einer Luftstraße. Bei Erreichen der äußeren Grenze des TMA (Terminal Control Area), also des Nahverkehrsbereichs, der einen Radius von circa 50 Kilometern um den Flughafen bezeichnet, übergibt die Anflugkontrolle das Flugzeug an die

FRANK SCHIFFER, VERKEHRSLEITER VOM DIENST

Seit mehr als zehn Jahren ist er mitverantwortlich für einen reibungslosen und sicheren Flughafenbetrieb. Er trifft zusammen mit seinen fünf Kollegen täglich zahlreiche Entscheidungen, damit der Flughafenalltag wie geplant abläuft und die Passagiere zufrieden auf Reisen gehen können. „Hier ist kein Tag wie der andere", erzählt der zweifache Familienvater aus Seth. „Wir kümmern uns um abgestellte Kisten im Counterbereich ebenso wie um Absprachen mit dem Wetterdienst und den Kontrollwagenfahrern bis hin zur Regelung von Baumaßnahmen auf den Vorfeldern." Um die Herausforderungen des Flughafenalltages zu meistern, steht sein Team in enger Verbindung zu den einzelnen Abteilungen und Unternehmen am Airport, aber auch zu externen Firmen und Behörden wie Flugsicherung, Polizei, Zoll und Bundespolizei.

Bezirkskontrolle. Die reiht das Flugzeug dann in den Streckenverkehr ein.

Umgekehrt übernimmt die Anflugkontrolle von der Bezirkskontrolle im Center Bremen alle Flugzeuge, die landen wollen und sich im Sinkflug befinden, an der Grenze des TMA. Die Anflugkontrolle führt das landende Flugzeug bis dicht an den Flugplatz, wo schließlich die Übergabe an die Platzkontrolle erfolgt, die das Flugzeug auf den Boden führt.

Für den Bodenverkehr existiert am Hamburg Airport neuerdings das Advanced Surface Movement Guidance and Control System (A-SMGCS), die „Bodenverkehrskontrolle der Zukunft". Dieses neuartige Überwachungssystem ist nach einer erfolgreichen einjährigen Erprobungsphase im Mai 2010 in Betrieb gegangen. Mit dem A-SMGCS wird die gesamte Abwicklung des Bodenverkehrs sowohl bei Dunkelheit als auch bei schlechten Sichtverhältnissen verbessert, sodass der hohe Sicherheitsstandard jederzeit gehalten werden kann. Darüber hinaus bewirkt ein optimierter Bodenverkehr kürzere Warte- und Standzeiten und senkt auf diese Weise sowohl den Treibstoffverbrauch als auch Lärm- und Schadstoffemissionen der Flugzeuge. Das kommt der Umwelt zugute und senkt die Betriebskosten.

Und so funktioniert das System: Jedes Flugzeug besitzt einen Transponder, der individuelle Daten an insgesamt 21 Antennen auf dem Flughafengelände sendet. Das A-SMGCS ermittelt daraus und aus den Daten von zwei Bodenradarsensoren die Identität und den Standort des Flugzeugs.

Mithilfe des aktuellen Flugplans wird ebenfalls die jeweilige Flugnummer bestimmt. All diese Informationen werden in Kombination mit den genauen Darstellungen der Vorfelder und Pisten auf den Bildschirmen der Fluglotsen angezeigt. Die Flugzeuge können so eindeutig identifiziert und exakt geortet werden. Zudem können die Wege, die die Flugzeuge von und zu den Pisten nehmen, mit A-SMGCS optimiert und überwacht werden.

Gleichzeitig bildet das neue Bodenverkehrleitsystem die Grundlage für ein weiteres Forschungsvorhaben, das kürzlich am Hamburg Airport begonnen hat: das Projekt Car Management On Aprons. CARMA soll mittels GPS und W-LAN-Kommunikation den Vorfeldverkehr der Busse, Gepäckschlepper und Tankwagen in die optimierte Darstellung des Flugzeug-Bodenverkehrs integrieren und die Arbeitsabläufe verbessern helfen. Dazu wurden 15 Vorfeldfahrzeuge mit GPS-Hardware ausgerüstet. Die Standorte dieser Fahrzeuge werden den Fahrern und Lotsen auf einem Display jetzt in Echtzeit angezeigt. An diesem Projekt sind neben Hamburg Airport AIRSYS, Airbus, die Deutsche Flugsicherung, das Deutsche Zentrum für Luft- und Raumfahrt, die Technische Universität Hamburg-Harburg, die Universität Hamburg und die Technische Universität Carolo-Wilhemina zu Braunschweig beteiligt. Diese enge Kooperation zwischen Forschung, Lehre, Betrieb und Industrie am Hamburg Airport schafft hervorragende Rahmenbedingungen für beschleunigte Innovationsprozesse und trägt so zur Spitzenstellung des Luftfahrtstandortes Hamburg bei.

Am Hamburg Airport existiert bereits die „Bodenverkehrskontrolle der Zukunft". Die eindeutige Identifizierung der Flugzeuge und die Optimierung ihrer Wege spart Zeit, und die Umwelt wird weniger belastet.

Nicht nur die Technik der Flugzeuge hat sich in den vergangenen Jahrzehnten in rasender Schnelligkeit weiterentwickelt, sondern auch das Drumherum, das für den reibungslosen Ablauf des Flugverkehrs notwendig ist.

HAMBURG AIRPORT
ZEITSPRÜNGE

ZEITSPRÜNGE

Immer häufiger übernehmen Automaten das Kommando beim Einchecken. Die Reisenden machen dabei alles selbst: Sie tippen den Buchungscode ein, wählen einen Sitzplatz, nehmen Bordkarte und Gepäck-Coupons aus dem Drucker und geben dann die Koffer auf. Schon bald sollen drei von vier Passagieren automatisiert einchecken. Dann dauert das Check-in mit zwei Minuten halb so lange wie der herkömmliche Weg.

1956

Das E-Ticket bietet einige Vorteile: Es kann nicht mehr passieren, dass Passagiere ihr Ticket verlieren und dann nicht abfliegen können. Denn als Nachweis beim Einchecken benötigen sie künftig nur noch die Buchungsnummer oder die zum Buchen benutzte Bankkarte zusammen mit dem Ausweis.

1962

1962

Für den Besuch einer gepflegten Bar gilt: Die Gäste sollen die anregende Wirkung von Alkohol stets als feine Nebensächlichkeit und nicht als Hauptattraktion des Abends verstehen. Das war auch in den 1960er-Jahren so und sollte auch immer so bleiben. Das „café treff" ist eine von sieben Bars am Hamburg Airport.

143

Bis zur kompletten Betonierung der Vorfelder sowie der Start- und Landebahnen hatte es am Hamburg Airport immer wieder Probleme mit dem morastigen Boden des „Flugfeldes" gegeben. Bis heute besitzt der Hamburger Flughafen die größte zusammenhängende Grünfläche Hamburgs. Die soll möglichst erhalten, gleichzeitig aber soll auch das Vogelschlag-Risiko minimiert werden. Das Team des Airports verzichtet daher auf künstliche Düngung. Außerdem wird Langgras gesät, und Wasserflächen sind mit weiträumigen Netzen überspannt, die speziell Wasservögel abwehren sollen. Trotzdem bleibt genügend Lebensraum für seltene Tier- und Pflanzenarten bestehen. Darüber hinaus geht die Heuernte an Hagenbecks Tierpark.

1932

1960

Pre-Flight-Checks finden vor jedem Flug statt. Die Crew kontrolliert dabei als Erstes, ob das Flugzeug ordnungsgemäß betankt ist. Danach geht man einmal um das Flugzeug herum (360°-Check), um es auf offensichtliche Schäden zu überprüfen. Beanstandungen, welche die Flugsicherheit beeinträchtigen könnten, werden noch vor dem Start behoben. Der Pre-Flight-Check dauert etwa eine halbe Stunde – in den 1960er-Jahren praktisch genauso lange wie heute.

1926

ZEITSPRÜNGE

Immer wieder ist von Kerosin die Rede, dem geheimnisvollen Flugbenzin. Doch was ist das eigentlich? 1853 gewann der britische Arzt Abraham Gesner (1797–1864) aus Asphalt eine leicht entflammbare Flüssigkeit. Weil bei dem chemischen Prozess eine wachsartige Mischung fester Kohlenwasserstoffe als Zwischenprodukt eine wichtige Rolle spielt, nannte er diese Flüssigkeit Kerosin, das sich vom griechischen Wort für „Wachs" ableitet. Kerosin, etwas leichter als Benzin, ist also ein durch Destillation aus Erdöl gewonnener Leichtölanteil, dem Petroleum sehr ähnlich. Kerosinähnliche Flüssigkeiten – es existieren verschiedene Sorten – sind bis heute der Standardtreibstoff für Flugzeuge.

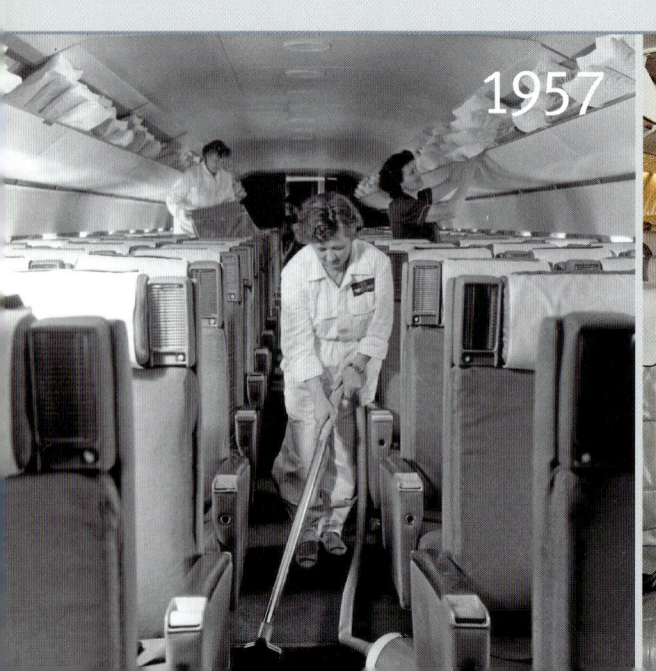

1957

Früher wurde zwar mindestens genauso gründlich geputzt wie heute – aber die Materialien waren längst nicht so pflegeleicht. Im täglichen Linienverkehr heute stellt die Kabinenreinigung trotz aller Vereinfachungen immer eine große logistische und ergonomische Herausforderung dar – denn dem Kabinenpersonal bleiben häufig nur wenige Minuten, um die Kabine für den nächsten Flug wieder auf „Vordermann" zu bringen.

Im Prinzip hat sich am Beruf des Einweisers auf dem Flughafen nicht viel geändert. Doch obwohl die heutigen Düsentriebwerke um etwa 40 Prozent leiser sind als die Turbinen aus den 1960er-Jahren, gehört heutzutage der gesetzlich vorgeschriebene Lärmschutz zur Standardausrüstung der „Marshaller".

1961

1929

1925

Am Anfang des technischen Fortschritts dachte man noch nicht über Umweltschutz oder den Treibhauseffekt nach. Am Hamburg Airport tanken fast alle Fahrzeuge, die im Bodenverkehr eingesetzt werden, Erdgas oder – versuchsweise – Wasserstoff. Unten: Die Sanitätsstation auf dem Flugfeld galt als vorbildlich. Heute rücken die Ersthelfer von Flughafenfeuerwehr und DRK Mediservice rund tausendmal im Jahr aus.

Früher verließen sich die Zollbeamten am Hamburg Airport hauptsächlich auf ihren Instinkt, heute setzen sie im Verdachtsfall die unbestechlichen Nasen von ausgebildeten Spürhunden ein.

1963

ZEITSPRÜNGE

1959

Für viele Menschen ist es einer der interessantesten Berufe, die ein Flughafen zu bieten hat. Ramp Agents sind die Ansprechpartner für Cockpit- und Kabinenbesatzungen und fungieren als Schnittstelle zwischen OPS (Operations Office, die Einsatzzentrale der Fluggesellschaft), dem Gatepersonal und den Technik- und Vorfeldarbeitern. Sie überwachen und koordinieren darüber hinaus alle Dienstleistungen, die an einem Flugzeug während dessen Bodenzeit geleistet werden. Dazu gehören unter anderem die Beladung, das Tanken, die Innenreinigung, das Catering, die Versorgung mit Frischwasser und der Abtransport des Abwassers sowie die Überwachung des Boardings der Passagiere.

Außerdem sind Ramp Agents insbesondere für die Einhaltung und Überwachung der von der IATA, der Luftfahrt-Oberbehörde des jeweiligen Staates (in Deutschland das Luftfahrtbundesamt), sowie der Sicherheitsvorschriften der jeweiligen, abzufertigenden Fluggesellschaft verantwortlich – und für die gesamte Gepäckverladung.

Die zumeist gelb-schwarz lackierten Follow-me-Cars gehören zumindest auf großen Flughäfen zum Standardservice. Diese Lotsenfahrzeuge fahren den Flugzeugen voraus und weisen ihnen damit den Weg zur Parkposition. Follow-me-Cars werden außerdem eingesetzt, um Fahrzeuge zu und von Baustellen zu führen, sowie zur Kontrolle der Startbahn auf Fremdkörper und Beschädigungen.

1962

1965

Früher war viel Handarbeit vonnöten, bis das Gepäck der Passagiere be- oder entladen war. Heute beginnen die gelabelten Koffer und Taschen ihre Reise hinter den Check-in-Schaltern und tauchen in die vollautomatische Gepäckbeförderungsanlage ab. 1000 Sensoren scannen bis zu 6000 Reisetaschen und Koffer pro Stunde. Die Gepäckeinsatzzentrale weiß immer, wo sich welche aufgegebene Tasche befindet. Jedes Gepäckstück – rund 6 Millionen pro Jahr – durchläuft dabei automatisch ein dreistufiges Kontrollsystem, das der Sicherheit dient.

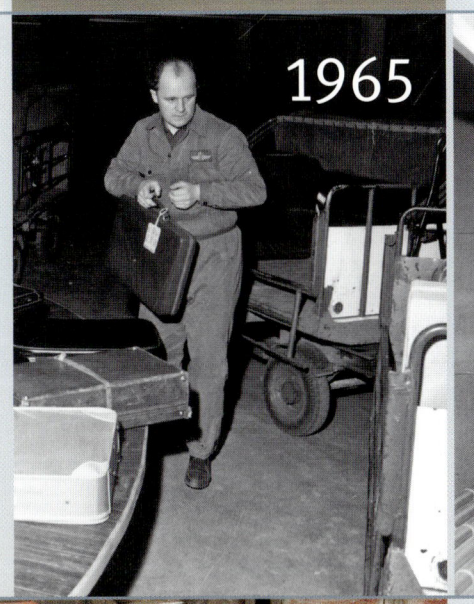

1965

1983–2008

WACHSTUM UND WETTBEWERB

PREISKAMPF AM HIMMEL, PREISWÜRDIGE ARCHITEKTUR

1983–2008

An einem trüben Novembermorgen 1983 landete der 75-millionste Fluggast seit Beginn der offiziellen Zählungen im Jahre 1920 auf Hamburg Airport. Die Norwegerin Kirsten Arnesen, die ihren Mann auf einer Geschäftsreise von Oslo nach Hamburg begleitete, sollte bitte wiederkommen: Hamburg Airport schenkte ihr ein Roundtrip-Ticket von Oslo nach Hamburg. Mit dem langfristigen, rasanten Anstieg des Verkehrsaufkommens wuchs auch das Liniennetz. Knapp zwei Jahre später wurden durchschnittlich rund 650 Abflüge pro Woche registriert. Ab dem Sommer 1985 flog die Pan Am mit einer Boeing 747 sogar täglich von Hamburg nach New York. Für die zu diesem Zeitpunkt bereits wirtschaftlich angeschlagene amerikanische Traditions-Airline – allerdings noch immer die Nummer eins im Nordatlantikverkehr – sollte Hamburg zur Drehscheibe für den USA-Verkehr im Norden Europas werden, so wie New York das Drehkreuz für die USA. Doch die Pan Am geriet kurz darauf in wirtschaftliche Turbulenzen, aus denen die „amerikanischste" aller Airlines nicht mehr herauskam, sodass sie schließlich 1991 von Delta übernommen wurde.

Inzwischen hatte sich im Luftverkehr bei den großen internationalen Airlines das sogenannte Hub-and-Spoke-Verfahren durchgesetzt, der Transport zu „ihren" großen Drehkreuzen per Kurzstreckenjet (oder im kombinierten Regionalverkehr), von wo aus dann die Großraumjets zu den interkontinentalen Zielen starteten. Diese Hubs ermöglichten im Unterschied zum Point-to-Point-Verkehr eine weitaus größere Anzahl an Verbindungen. Allerdings mussten Passagiere auch häufiger

Seit der Fertigstellung der neuen Terminals 1 und 2 und der Airport Plaza gilt Hamburg Airport als einer der modernsten Flughäfen Europas.

FLAGGE ZEIGEN

„Meine Söhne hielten das Fahnenklauen für einen herrlich gelungenen Spaß, ich leider nicht! Entschuldigen Sie bitte, Herr und Frau Unbekannt", lautete das anonyme Begleitschreiben in einem großen Postpaket, das außerdem noch vier große Lufthansa-Fahnen enthielt und der Flughafenverwaltung anonym zugestellt worden war. Bis heute weiß jedoch niemand, wie es den Dieben gelungen war, die Fahnen, die im Herbst 1990 direkt vor dem ehemaligen Hauptgebäude geweht hatten, zu klauen.

1983–2008

Hamburg Airport gilt weltweit als architektonisches Vorbild für Flughäfen.

umzusteigen und oft verlängerten sich auch die Strecken und Reisezeiten.

Die Ausnahme bildeten die Billigfluggesellschaften, die Mitte der 1980er-Jahre aufkamen und in den 1990er-Jahren den großen Boom erlebten. Spanien – vor allem das „17. Bundesland Mallorca" – blieb natürlich der absolute Hit auf dem deutschen Reisemarkt (und das ist er bis heute). Immer noch liegt etwa die Hälfte aller Reiseziele im Charterverkehr vom Hamburg Airport aus in Spanien. Aber seit Mitte der 1980er-Jahre wuchs das Angebot von Point-to-Point-Verbindungen stetig. Immer neue Städtenamen tauchten auf den Anzeigedisplays auf: Barcelona, Klagenfurt, Thessaloniki, Rom, Toulouse und auch Karlsruhe; hinzu kamen ab dem Jahre 2005 auch attraktive, interkontinentale Verbindungen nach New York, nach Toronto und nach Dubai – dem Drehkreuz von Emirates.

EMOTIONEN SPIELEN BEI FLUGREISEN IMMER EINE GROSSE ROLLE

Besonders die Liberalisierung des Luftverkehrs in Europa trug zu dieser Entwicklung bei: Die Billigflieger – inzwischen längst fester Bestandteil des Luftverkehrs – setzten auf einen attraktiven Mix aus Geschäfts- und Ferienreisen. Da wollte eine große Fluggesellschaft wie die Lufthansa natürlich nicht tatenlos zusehen, wie ihr durch Linien wie Air Berlin, EasyJet, Germanwings und Co. langsam, aber unerbittlich die Marktanteile wegflogen, und setzte rasch das „Better Fly"-Konzept dagegen, ein besonders wirtschaftliches Linienflugsystem, das bald 30 Ziele in ganz Europa anflog – hin und zurück für 99 Euro.

Auch wenn das Reisen mit dem Flugzeug heute zu einer ganz alltäglichen Sache geworden ist, verbinden die Kunden mit dem Fliegen Emotionen. Tickets werden zunehmend spontan – aus einem „Impuls" heraus – gekauft. Preisgünstige Kurzreisen sind angesagter denn je, auch wenn das Pfefferminzbonbon vor dem Start gegen den Druck in den Ohren vorher im Supermarkt gekauft werden muss. Aber teuer fliegen kann schließlich jeder, und der Kampf um die Passagiere wird nun einmal über den Preis entschieden. Am Hamburg Airport haben Passagiere die Wahl zwischen dem 5000 Euro teuren First-Class-Ticket oder dem 19,99 Euro günstigen Städtetrip. Die Zeiten, als Lockangebote den Markt stimulieren sollten, sind lange vorbei, denn der Markt stimuliert sich mittlerweile vorwiegend selbst. Es herrscht ja auch die freie „Kabotage" in Europa; das heißt, eine Airline aus einem EU-Land kann Flüge in jedem Land der Europäischen Gemeinschaft aufnehmen. Und so wie die Kunden ihre Airline können nun auch die Airlines „ihre" Flughäfen frei wählen. Die Folge: Auch der Wettbewerb am Boden – zwischen den Flughäfen untereinander – wird härter.

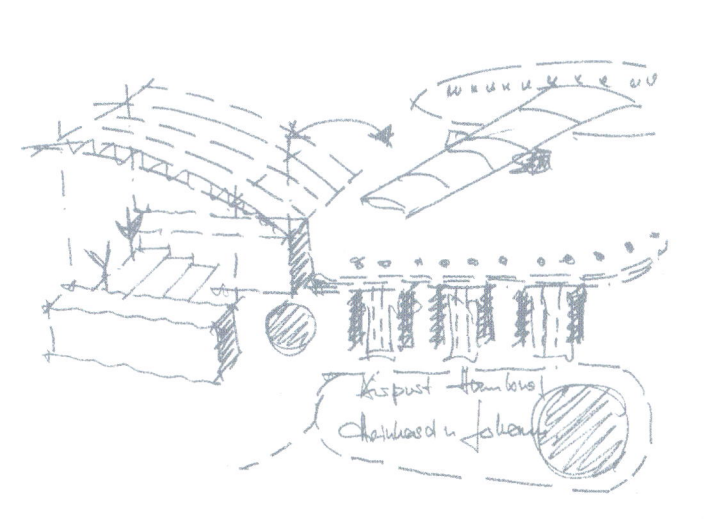

Hamburg Airport steht dabei anerkanntermaßen für einen funktionierenden, attraktiven Mix aus „Low Cost" und „Full Service", Kurzstrecke und Langstrecke, „Business" und „Holiday". Das eherne Gesetz, das die Flughafen Hamburg Gesellschaft dabei befolgt, lautet: Alle Kunden werden gleich behandelt, egal, ob es sich um einen Low-Cost-Carrier oder eine Traditions-Airline handelt. Und man weiß auch: Alle Flughäfen, die im Wettbewerb bestehen wollen, sind gezwungen, ihre Attraktivität zu erhöhen und neue Einnahmequellen zu erschließen. Einnahmen aus Fluggebühren allein reichen nicht mehr aus, um die enormen Investitions- und Betriebskosten eines modernen Airports zu decken oder gar in die Gewinn-

BJÖRN KRANEFUSS, FLUGHAFENPASTOR

WIR SIND HAMBURG AIRPORT

Er ist am Hamburg Airport in himmlischer Mission unterwegs: Flughafenpastor Björn Kranefuß betreut die Kapelle in Terminal 1 und kümmert sich um Reisende und Mitarbeiter am Airport. „Der Flughafen ist ein ganz besonderer Ort. Er ist Stadttor und Stadtteil, Marktplatz, Sehnsuchtsort und Erlebniswelt. Er verkörpert die Möglichkeiten und das Lebensgefühl, manchmal auch die Gefahren der modernen Gesellschaft. In dieser Vielfalt liegt für mich der große Reiz", erklärt der Pastor. Nach dem Theologiestudium arbeitete er sechs Jahre in Atlanta als Seelsorger in einem Krankenhaus und einer Beratungsstelle. Diese internationalen Erfahrungen kommen ihm heute zugute, wenn Reisende das Gespräch in der Kapelle oder auf seinem Flughafenrundgang suchen. „Jeden Tag am Flughafen habe ich es mit einer Vielfalt an Menschen und Stimmungen zu tun. Sehr am Herzen liegen mir die regelmäßigen Kunstausstellungen in der Flughafenkapelle", erklärt der gebürtige Hamburger. Nach der Arbeit entspannt Pastor Kranefuß am liebsten mit Sohn Lukas und Frau Ursula oder beim Sport, wo er selbst seine Seele einmal baumeln lassen kann.

zone zu steigen. So machte sich Hamburg Airport bereits im Jahre 1986 auf den Weg, über das klassische Dienstleistungszentrum hinaus langfristig zum Zentrum einer angestrebten Airport-City zu wachsen – und zu einem Erlebnisflughafen, der eben nicht nur für Flugreisende interessant ist.

HAM 21 ODER „AB IN DIE ZUKUNFT"

Die grundlegende Umgestaltung des Hamburg Airports begann mit den Neubauten des Terminals 4 (der heutige Terminal 2) und des runden Parkhauses P 5. Der Entwurf der Hamburger Architekten von Gerkan, Marg und Partner sah als Rückgrat der gesamten Neukonzeption eine Flugsteigspange vor, die vom nördlichen Ende des Terminals nach Westen hin führte. Andererseits sollte vorerst die Charterhalle erhalten werden, um später durch bauliche Ergänzungen auf der Ostseite weitere zusätzliche gebäudenahe Positionen zu gewinnen und die asymmetrische Spange am Ende „aufzufangen". Der neue Terminal, der nach dreieinhalbjähriger Bauzeit am 1. November 1993 eingeweiht wurde, fasste das „alte" und das „neue" Bauprinzip zusammen und hielt trotz der neuen langfristigen Ordnung genügend Freiraum für zukünftige Entwicklungen offen. In der weiten, luftigen und tageslichtdurchfluteten Halle wurde die Abflugebene mit den sich nach oben staffelnden Laden-, Konferenz- und Restaurantebenen miteinander verschmolzen. Gleichzeitig aber konnten auch die ankommenden Passagiere und Gäste durch eine große,

Die lichtdurchflutete Airport Plaza fungiert als Bindeglied zwischen den beiden neuen Terminals.

UNTER DRUCK

Mitten in der Hochphase des großen Ausbauprogramms HAM 21 im April 2003 drangen plötzlich Tonnen von Wasser in die Baugrube des S-Bahn-Tunnels ein: Ein Hohlraum war entstanden und eine Hochdruck-Wasserleitung gebrochen. Das Erdreich rutschte ab, der Vorfahrtbereich sackte ab, und die damals bestehenden Terminals und Zufahrtsstraßen mussten vorsorglich evakuiert werden. Während der mehrmonatigen Instandsetzung lief das Ausbauprogramm jedoch weiter. Erst im Oktober 2003 konnten die Umleitungen wieder aufgehoben werden – der Verkehr auf der Abflugebene rollte wieder.

Der gesamte Hamburg-Airport-Komplex gilt auch unter Flughafenexperten als „architektonisches Sahnestück".

1983 – 2008

halbkreisförmige Deckenöffnung mit Fahrtreppen und einem gläsernen Fahrstuhl an diesem einmaligen Raumerlebnis teilhaben.

Dieser auch in ökologischer Hinsicht intelligente Bau beeinflusste – wie schon der Urterminal aus dem Jahre 1929 – die Architektur einiger anderer europäischer Flughäfen wie Stuttgart, Zürich-Kloten oder den neuen Flughafen Berlin/Brandenburg International (ehemals Schönefeld), wo ebenfalls bereits in der Planungsphase erkannt wurde, dass ein neues Denken in jede Richtung angezeigt war, um im Wettbewerb mithalten zu können. Hinter den beiden großen Drehkreuzen der Lufthansa – Frankfurt und München – wurde Hamburg Airport vom Fachmagazin „Business Traveller" so auch als drittbester deutscher Flughafen ausgezeichnet. Und selbst Hollywood war vom neuen Terminal als Kulisse fasziniert: In einer Szene des James-Bond-Streifens „Der Morgen stirbt nie" mit Pierce Brosnan durfte das architektonische Sahnestück im Jahre 1997 als Statist mitwirken.

Knapp sechs Jahre nach der Inbetriebnahme des neuen Terminals 4 feierte Hamburg Airport das 80-jährige Bestehen des regelmäßigen Linienflugverkehrs in Hamburg. Höhepunkt der Jubiläumsfeierlichkeiten waren die ersten Hamburg Airport Classics am 5. und 6. Juni 1999, die in ihren Dimensionen an die großen Flugschauen der 1920er- und 1930er-Jahre erinnerten. Mehr als 35 000 Besucher begeisterten sich an über 24 fliegenden Legenden; für den symbolischen Preis von einem Euro verkaufte die Lufthansa Technik AG ihr ehemaliges Trainingsflugzeug vom Typ Boeing 707-430 an den Flughafen Hamburg – der betagte Jet dient seitdem als Museumsflugzeug. Gleichzeitig feierte auch die weltweit einzigartige Flughafenmodellschau – gründlich renoviert und „digital" modernisiert – ihren 40. Geburtstag.

Aber das Beste kam wie so häufig zum Schluss: Das zukunftssichernde Ausbauprogramm HAM 21 wurde beschlossen und auf den Weg gebracht. Bis zum Jahre 2008 sollte der gesamte Hamburg Airport, anlehnend an Terminal 4, komplett modernisiert werden und ein einheitliches, architektonisches Gesamtbild bieten – für ein Investitionsvolumen von 356 Millionen Euro. Hinter dem Kürzel HAM 21 stand das größte Ausbau- und Modernisierungsprojekt des Flughafens Hamburg. Baubeginn am Terminal 1 war im Jahr 2001. Im Frühjahr 2002 begannen die Hochbauarbeiten, und im Jahr 2003 wurde bereits Richtfest gefeiert. Die Eröffnung fand am 20. Mai 2005 mit rund 1500 geladenen Gästen statt. Bei den Publikumstagen am 21. und 22. Mai 2005 hatten die Hamburger die Möglichkeit, den neuen Terminal zu besichtigen und auch einen Blick hinter die Kulissen zu werfen. Mit seiner Helligkeit, der großzügigen Gestaltung und der Fortsetzung des Architekturstils von Terminal 2 (damals noch Terminal 4) leitete im Mai 2005 Terminal 1 die Zukunft am Hamburger Flughafen ein. Mit 70 Check-in-Schaltern allein in Terminal 1 und einer Gepäckförderanlage, die 6000 Koffer pro Stunde

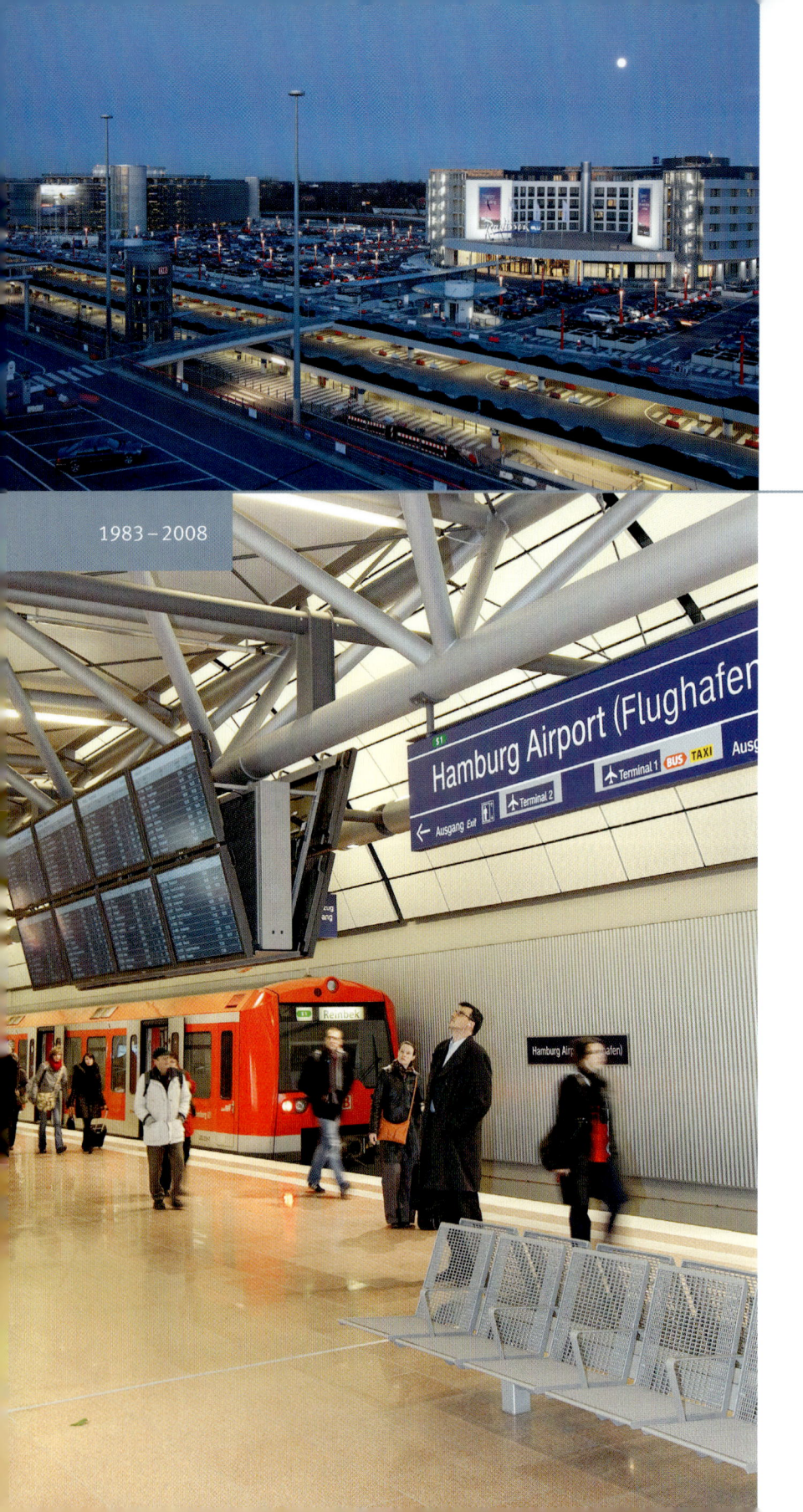

Mit dem S-Bahn-Anschluss Hamburg Airport verändert sich das Hamburger Stadtbild: Überall auf den Straßen sieht man Reisende mit ihren fast schon obligatorischen Rollkoffern.

1983–2008

transportieren kann, erhielt Hamburg Airport neben einem neuen Aussehen auch ein hochmodernes Innenleben, das bis zum Jahre 2030 eine zügige und bequeme Abfertigung garantieren soll.

AIRPORT DER KURZEN WEGE

Die Erweiterung der Fluggastpier nach Süden startete im Herbst 2002 und wurde Anfang 2004 in Betrieb genommen. Sechs neue Passagierbrücken und acht zusätzliche Bus-Gates sorgen seitdem für zusätzlichen Komfort beim Boarding. Der neue Gebäudeteil verleiht der gesamten Pier mehr optisches Eigengewicht gegenüber den Terminals und vervollständigt ihre Symmetrie. Sämtliche Fluggasteinrichtungen wie etwa die Wartezonen und die Passkontrollen befinden sich in der Abflugebene. Die offene Stützenkonstruktion ermöglicht im Erdgeschoss auf Vorfeldebene die Anordnung von Bus-Gates, Bereitstellungsflächen der Luftfracht sowie sonstige betrieblicher Funktionsflächen.

Mit dem Parkhaus P2 setzte Hamburg Airport ebenfalls Akzente, denn es ist das größte runde Parkhaus Europas. Im Herbst 2004 erhöhte es auf einen Schlag die Anzahl der terminalnahen Stellplätze um zusätzliche 2200. Die runde Gebäudeform hat gleich mehrere Vorteile für Autofahrer: Die ausgefeilte Geometrie ermöglicht das sogenannte stützenfreie Parken. Dies bedeutet, dass sich die Stützpfeiler des Gebäudes statt am Anfang der Fahrgasse am Ende des Parkplatzes befinden und die Fahrer daher beim Einparken nicht lange manövrieren müssen. Außerdem werden die Parkplätze zu einer Seite hin breiter, sodass Passagiere bequem ihr Gepäck ein- und ausladen können. Die neu gebauten Rotundenringe haben das Angebot im Parkhaus P2 Ende 2006 auf 3000 Stellplätze erweitert.

Im Herbst 2009 wurde das Parkdeck P2-P4 mit zusätzlichen 1600 Stellplätzen fertiggestellt. Es schließt die Lücke zwischen den Parkhäusern P2 und P4. Damit stehen direkt vor den Terminals rund 8400 Parkplätze zur Verfügung. Insgesamt bietet Hamburg Airport damit 12 000 Stellplätze am Flughafen. Ein Parkleitsystem mit dynamischer Anzeige vereinfacht seit April 2005 die Orientierung und Anfahrt für alle Autofahrer: In einem Umkreis von 1,5 Kilometern um den Flughafen geben Hinweistafeln Informationen zu den Parkmöglichkeiten am Airport und leiten die Fahrer zu den nächstgelegenen freien Plätzen.

Die Inbetriebnahme der Airport Plaza am 4. Dezember 2008 war der vorletzte Meilenstein zur Fertigstellung des Neuen Hamburg Airport. Der Grundstein wurde am 16. August 2006 gelegt, das Richtfest am 2. August 2007 gefeiert. Zu Spitzenzeiten der Rohbauarbeiten arbeiteten 130 Menschen an der Airport Plaza. Als Verbindung zwischen den beiden Terminals 1 und 2 nahm die Airport Plaza die zentrale Sicherheitskontrolle mit zunächst 16 Luftsicherheitskontrollstellen auf, die alle Passagiere passieren müssen, um zu ihrem Gate zu gelangen. Dahinter finden Fluggäste auf über 2600 Quadratmetern eine abwechslungsreiche Gastronomie, die von der Marché International, einem Unternehmensbereich der Schweizer Mövenpick-Gruppe, betrieben wird. Auf 4450 Quadratmetern laden Geschäfte renommierter Hersteller zum Shoppen ein, wobei der „Duty Free Walk-Trough-Shop" der Gebr. Heinemann mit 1400 Quadratmetern das größte Geschäft in der Airport Plaza ist.

Komplettiert wurde der Neue Hamburg Airport am 11. Dezember 2008 zum einen durch die Eröffnung der Flughafen-S-Bahn der Linie S1. In nur 25 Minuten gelangen Passagiere jetzt im Zehn-Minuten-Takt vom Hamburger Hauptbahnhof zum Flughafen. Im Herbst 2009 schließlich eröffnete das Radisson-Komfort-Hotel direkt gegenüber den Terminals, die nicht einmal zwei Minuten entfernt liegen – zu Fuß.

ANDRÉ GEISENJOHANN, LEITER VERKEHRSANLAGEN (LANDSEITE)

Von der Boeing ins Taxi, vom eigenen Auto in den Airbus oder von der S-Bahn ins Kleinflugzeug. Umsteigen von einem Verkehrsmittel in ein anderes ist am Hamburg Airport Alltag. André Geisenjohann, Leiter der landseitigen Verkehrsanlagen, ist mit seinem fünfköpfigen Team und verschiedenen Vertragspartnern für das Zusammenspiel von Taxis, Bussen und privatem Autoverkehr auf dem Flughafengelände zuständig. Dazu zählt auch das Parken in den Parkhäusern von Hamburg Airport. „Parallel zum Ausbau des Flughafens haben wir am Hamburg Airport dieses Geschäftsfeld aufgebaut und können unseren Kunden heute ein vielfältiges Angebot auf unterschiedlichen terminalnahen Parkflächen anbieten", resümiert Geisenjohann, dessen Engagement bereits mit dem European Standard Parking Award belohnt wurde.

DIE LUFTFRACHT AM HAMBURG AIRPORT

WAREN AUF TERMIN

HINTER DEN KULISSEN

Hunderte Fotografen, Kameraleute, Plane-Spotter und andere Flugzeugbegeisterte filmten und fotografierten am 9. April 2010 den Anflug und die Landung des größten, wenn auch nicht gerade elegantesten Flugzeugs der Welt. Die sechsstrahlige „Antonov An 225" ist rund 85 Meter lang, 18 Meter hoch und verfügt über eine Flügelspannweite von 88,4 Metern. Die Kapazität des Laderaums misst 1220 Kubikmeter, das höchstmögliche Startgewicht knapp 600 Tonnen. Eigentlich wollten die Russen 400 dieser Luftlastelefanten bauen, gegen die selbst der Airbus A380 wie ein stromlinienförmiger zweistöckiger Omnibus wirkt. Bei einer einzigen flugbereiten Maschine ist es bisher jedoch geblieben, die seit 1988 von der Agentur Ruslan International überall dorthin geschickt wird, wo dringendes Frachtgut nicht mehr in eine Boeing oder in einen Airbus passt.

Bei diesem Hamburger Auftrag handelte es sich um die 150 Tonnen schweren Komponenten einer Laserschweißanlage aus Lippstadt und Dortmund für ein chinesisches Werk in Shijiazhuang in der nordchinesischen Provinz Hebei. Die Verladung, bei der ein 160-Tonnen-Kran und eine Spezialrampe eingesetzt wurden, dauerte bis zum frühen Morgen. Dann war die Hamburger Stippvisite des fliegenden Giganten beendet.

Reine Linien- oder Charterfrachtflüge sind in Hamburg jedoch eher die Ausnahme. Zwar gibt es ausreichend Importe aus Fernost, Nordamerika oder Afrika, doch um die Frachtflugzeuge auf ihrem Weg zurück in die Heimat wieder zu füllen, fehlt es in Hamburg an einer Konsolidierung im Bereich

Insbesondere Expresslieferungen sind ein bedeutendes Standbein des Luftfrachtzentrums am Hamburg Airport. Wird irgendwo auf der Welt ein Schiffs- oder Flugzeugersatzteil benötigt, ist die Chance hoch, dass es aus Hamburg dorthin transportiert wird.

der exportorientierten Luftfracht. Und ein Cargo-Flugzeug startet ohne vernünftige Zuladung nicht – oder zumindest nur sehr ungern. So lohnt sich ab Hamburg Airport vor allem der Transport von „Belly-Fracht" (das ist jene Fracht, die auf Passagierflügen zusätzlich zum Gepäck eingeladen werden). Wobei in Hamburg auch nur durchschnittlich 30 Prozent der Luftfrachtstücke direkt an Bord eines Flugzeugs geladen werden: Der große Rest geht nämlich per Lkw auf die Reise nach Frankfurt, Paris oder Amsterdam, wo das Frachtgut von verschiedenen Flughäfen dann zusammengefasst wird.

Direkt als Luftfracht gehen ab Hamburg Airport in der Hauptsache Expresssendungen in die Welt hinaus. Die benachbarten Unternehmen Lufthansa Technik AG und Airbus Spares Support and Services nutzen die rund 120 Nonstop-Verbindungen für ihre dringenden Ersatz- oder Bauteillieferungen. Ganz egal, ob es sich um Dichtungen, Ventile, Fahrwerke, Instrumente (und sogar schon mal ein großes Stück einer Tragfläche) handelt: Für diese beiden wichtigen Mitglieder des Luftfahrtstandorts Hamburg gilt es ja, ein Flugzeug, das irgendwo auf der Welt am Boden gefesselt ist, so schnell wie möglich wieder in die Luft zu bekommen. Ähnlich sieht dies auch bei den Ersatzteilen für Schiffe aus, die aus der Elbmetropole verschickt werden. Ein weiteres häufiges Exportgut sind medizinische Geräte.

TOTAL VERFLOGEN

1992 brachte der damalige „Hamburger Schwanenvater" Harald Nieß eine 66 Zentimeter große, einjährige Schnee-Eule zum Hamburg Airport, die höchstwahrscheinlich in Finnland zu einem zweiwöchigen Ausflug in den Norden Deutschlands gestartet und hier vollkommen entkräftet gefunden worden war. Der finnische Konsul Unto Tanskanen setzte sich persönlich für den Rücktransport des unter Artenschutz stehenden Greifvogels ein. Im Frachtraum des Finnair-Fluges 854 nach Helsinki kehrte die Eule als blinder Passagier in ihre Heimat zurück und wurde dort wohlbehalten in die Freiheit entlassen.

Am 9. April 2010 landete das größte Flugzeug der Welt auf dem Hamburg Airport – eine „Antonov AN 225". Hier nahm es eine 150 Tonnen schwere Laserschweißanlage für eine chinesische Firma an Bord.

HINTER DEN KULISSEN

Importiert werden vor allem Musterwaren aus Fernost, Konsumelektronik (Fernseher, DVD-Player, Videokameras, Digitalkameras und Mobiltelefone) sowie Textilien. An Tonnage kommt da letztendlich zwar nicht allzu viel zusammen, doch was die reine Sendungsanzahl betrifft, liegt Hamburg Airport erstaunlicherweise an der Spitze der deutschen Luftfrachtzentren.

Nach der jüngsten Bedarfsanalyse werden die vorhandenen Flächen am Hamburg Airport mittelfristig nicht mehr ausreichen. Deshalb sind bereits die Planungen für ein weiteres Projekt am Hamburg Airport in vollem Gange – für ein neues, 55 000 Quadratmeter großes Frachtzentrum, das auf dem Gelände des jetzigen „Holiday-Parkplatzes P 8" enstehen soll, wobei alle Beteiligten bei den Planungen an einem Tisch sitzen. Denn es gibt eine Menge Fragen zu beantworten: Lohnt sich eine solche Investition? Werden die Spediteure und Großkunden mitziehen? Wird das prognostizierte Wachstum des Frachtvolumens tatsächlich eintreffen? Offene Punkte, die vor einer Grundsteinlegung geklärt werden müssen. Sowohl Flughafenmanagement also auch Kunden sind sich sicher, dass zeitnah alle Themenfelder angesprochen werden können, sodass bald ein weiterer moderner Baustein für die Hamburger Logistikkompetenz entsteht.

Für eine (notwendige) Modernisierung der Luftfracht in Hamburg spricht, dass in den kommenden Jahren der kombinierte See- und Lufttransport aufgrund der vergleichsweise günstigen Kosten im Verhältnis zur reinen Luftbeförderung weltweit stark ansteigen wird. In Los Angeles oder Dubai wird die Konsolidierung solcher Waren bereits erfolgreich praktiziert – und Hamburg bietet mit seinem Hafen hierfür schließlich ebenfalls beste Voraussetzungen. Weitere Standortvorteile bieten der Güterbahnhof in Hamburg-Maschen mit seinem 300 Kilometer großen Schienennetz (der größte Rangierbahnhof der Welt), der Billwerder Umschlagbahnhof für den kombinierten Ladungsverkehr mit einer Fläche von 300 000 Quadratmetern (einer der modernsten Umschlagbahnhöfe Deutschlands) sowie die gute Anbindung der Stadt an die Autobahnen und die benachbarten regionalen Wirtschaftszentren über die A 7 im Westen, die A 1 im Süden und die A 24 im Osten.

DR. JÖRGEN KEARSLEY, LEITER AVIATION MARKETING

Sein Weg in die Luftfahrtindustrie war schon lange vorgezeichnet: Bis er zwölf Jahre alt war, wohnte Jörgen Kearsley lediglich 60 Kilometer vom Flughafen Heathrow entfernt und brauchte nur in den Himmel zu schauen, um Flugzeuge zu beobachten. „Meiner Patentante bin ich bis heute sehr dankbar, dass sie in den Schulferien mit mir zur Aussichtsterrasse nach Heathrow gefahren ist", sagt Dr. Jörgen Kearsley. Heute ist er Leiter des Aviation Marketing am Hamburg Airport und sorgt mit seinem insgesamt neunköpfigen Team dafür, dass Fluggesellschaften zum Hamburger Flughafen kommen, neue Strecken aufnehmen oder ihre Frequenzen am Hamburg Airport erhöhen. „Wir haben verschiedene Möglichkeiten und Analysen zur Hand, mit denen wir den Bedarf der Strecken errechnen können", erklärt Dr. Kearsley seine Arbeit. „Dann suchen wir, vereinfacht gesagt, nach den passenden Fluggesellschaften mit den richtigen Flugzeugen für diese Verbindungen, gehen auf sie zu und stellen ihnen das Potenzial vor. „Wichtig ist zu erkennen, warum eine Fluggesellschaft genau zu einer Strecke passt. Nur dann kann man überzeugen!"

ZEITSPRUNG…

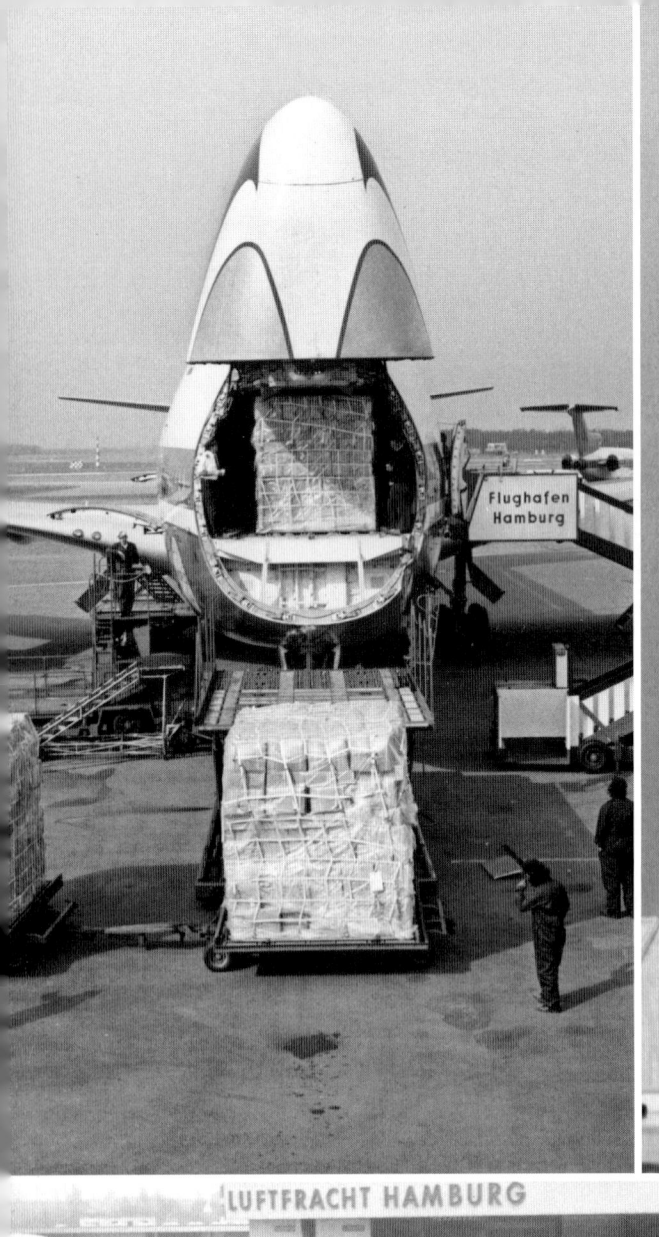

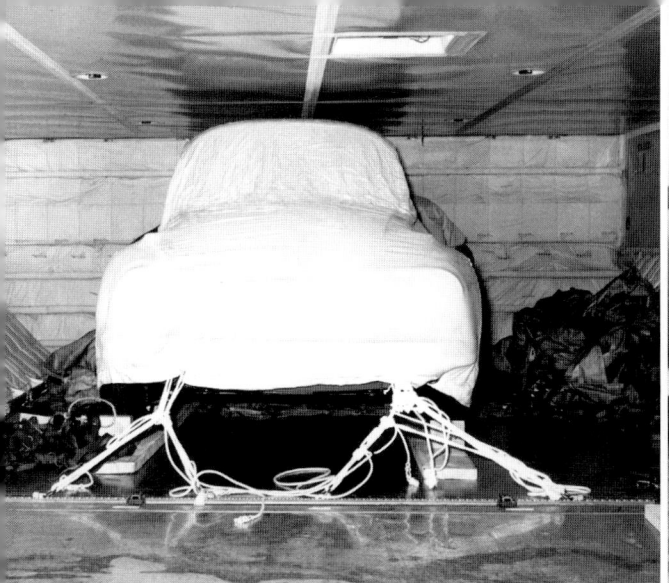

Der enorme Aufschwung des Hamburger Luftverkehrs ab Beginn der 1950er-Jahre ist auf verschiedene Faktoren zurückzuführen. Zwar trifft die Teilung Deutschlands gerade Fuhlsbüttel besonders hart, denn der Hamburger Flughafen ist von einem großen Teil seines Hinterlandes abgeschnitten. Andererseits profitiert der Stadtstaat aber auch von der Brückenkopf- und Drehscheibenfunktion nach West-Berlin und Skandinavien. Dieser Aufschwung des Luftverkehrs schafft Herausforderungen für die Frachtabfertigung, da die vorgesehenen Flächen zur Lagerung der Luftfracht schon bald nicht mehr ausreichen. Die provisorisch genutzte Flughalle wird schließlich zur Frachthalle umgebaut. Dem Ansturm von 1953 ist aber auch diese Halle nicht mehr gewachsen, sodass auf dem Vorfeld eine Fläche hergerichtet werden muss, die ein sofortiges Verladen vom Flugzeug auf Lastwagen ermöglicht. Heute stehen den Air-Cargo-Unternehmen und Logistik-Dienstleistern 56 000 Quadratmeter Logistikfläche in der Hamburg-Airport-Region zur Verfügung. 19 000 Quadratmeter davon sind mit dem Flughafenvorfeld verbunden. Für alle logistischen Anforderungen bietet der Flughafen spezielle Bereiche, wie etwa Kühl-, Sicherheits- oder Gefahrgut-Räume. Somit können alle Formen von Luftfracht über Hamburg Airport transportiert werden.

HINTER DEN KULISSEN

DIE FEUERWEHR AM HAMBURG AIRPORT

AM BESTEN IST ES NATÜRLICH, WENN SIE NICHTS ZU TUN HAT

Sicherheit genießt am Hamburg Airport höchste Priorität. Alle Mitarbeiter sind dafür ausgebildet, einen möglichen Unfall so rasch wie möglich unter Kontrolle zu bringen und dabei die notwendigen Abläufe „blind" zu beherrschen. Um im Notfall professionell handeln zu können, ist eine gute Vorbereitung auf eine solche Ausnahmesituation in technischer, organisatorischer wie auch in personeller Hinsicht eminent wichtig. Hamburg Airport lässt sich den hohen Sicherheitsstandard etwas kosten: In den vergangenen zwei Jahren wurde zum Beispiel der Feuerwehr-Fuhrpark für mehr als fünf Millionen Euro gründlich modernisiert. Im Mittelpunkt stehen dabei vier neue Spezial-Löschfahrzeuge des Typs „Ziegler Z 8". Der Zwölf-Zylinder-Dieselmotor mit 21 Liter (!) Hubraum entwickelt eine Leistung von bis zu 1000 PS. Die Ausrüstung des „Z 8" beinhaltet 500 Kilogramm Löschpulver, einen 12 000 Liter fassenden Wassertank und Behälter für insgesamt 1500 Liter Schaumlöschmittel. Der Löschstrahl reicht bis zu 90 Meter weit. Voll beladen wiegt das Fahrzeug gigantische 43 Tonnen, und dennoch beschleunigt es in 25 Sekunden auf 80 Stundenkilometer und erreicht eine Spitzengeschwindigkeit von 138 km/h. Diese hochmodernen Großlöschfahrzeuge verfügen über einen neuartigen, 20 Meter langen Löscharm („Snozzle"). An diesem Ausleger befindet sich neben den Löschmittelkanonen eine Wärmebildkamera, die aus sicherer Entfernung die Temperaturen an heißen Oberflächen messen kann, sowie ein „Piercingdorn": Mit ihm kann gezielt in einen Flugzeugrumpf gestochen werden, um brennbare Rauchgase abzukühlen und damit eine Durchzündung in der Kabine zu vermeiden. „Bevor wir die neuen Fahrzeuge in Betrieb genommen haben, sind alle 80 Mitarbeiter intensiv auf die neue Technik geschult worden und haben ein Fahrsicherheitstraining absolviert, da sich die physikalischen Fahreigenschaften geändert haben", sagt der Chef der Hamburg-Airport-Feuerwehr, Thomas Barke. Die Flughafen-Feuerwehr wird stets als Erstes an einem Unfallort eintreffen. In nur zweieinhalb Minuten können sie mit ihren Einsatzfahrzeugen jeden Punkt des Start- und Landebahnsystems erreichen.

„Jeder Feuerwehrmann erhält außerdem eine 14-tägige Grundausbildung zur Flugzeugbrandbekämpfung in Frank-

Mit den neuen Spezial-Löschfahrzeugen vom Typ „Ziegler Z 8" erreicht die Hamburg-Airport-Feuerwehr jeden Punkt des Start- und Landebahnsystems in weniger als drei Minuten.

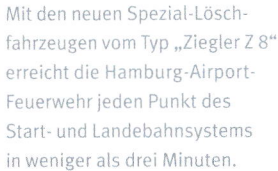

furt." Da in Deutschland jedoch „nur" mit Flüssiggas geübt werden darf, besuchen die Mitarbeiter seit Ende 2009 nacheinander jeweils einen Lehrgang der International Civil Aviation Organisation ICAO in England, wo zu Übungszwecken noch mit Kerosin gearbeitet werden darf.

Die 80 hauptberuflichen Feuerwehrleute im Alter zwischen 26 und 57 Jahren leisten ihre Arbeit mit zwei Wachabteilungen im 24-Stunden-Dienst. Zu ihren Aufgaben gehört neben der Flugzeug- und Gebäudebrandbekämpfung auch der Rettungsdienst, für den 15 Rettungssanitäter und 16 Rettungsassistenten bereitstehen. Die Hamburg-Airport-Feuerwehr ist auch eine von der Behörde anerkannte Lehrrettungswache. Somit haben Praktikanten hier die Möglichkeit, ihr für die Ausbildung erforderliches Rettungsdienstpraktikum zu absolvieren. Das Schulen von Evakuierungshelfern, der richtige Umgang mit Handfeuerlöschern und den mobilen, gelben Löschcontainern, die an den Flugzeugabstellpositionen bereitstehen, gehört ebenso zum Tagesgeschäft wie die Ausbildung von Airport-Mitarbeitern an den in den Terminals stationierten Defibrillatoren. Darüber hinaus unterstützt die Werkfeuerwehr auch die öffentlichen Feuerwehren im Rahmen der nachbarlichen Löschhilfe, soweit Mannschaft und Gerät für die Erhaltung des sicheren Flugbetriebes entbehrlich sind.

Trotzdem ist es natürlich immer besser, wenn die Feuerwehr nicht gezwungen wird, ihre Technik anzuwenden. Das heißt jedoch nicht, dass der Dienst am Flughafen langweilig wird: Denn die Feuerwehr ist nicht nur für den abwehrenden, sondern auch für den vorbeugenden Brandschutz zuständig. Außerdem werden die Ersthelfer der Feuerwehr und der Mediservices des Deutschen Roten Kreuzes durchschnittlich tausendmal pro Jahr mit medizinischen Notfalleinsätzen konfrontiert. Sie reichen vom verstauchten Knöchel über Kreislaufbeschwerden bis hin zum Herzkammerflimmern. Mit insgesamt 66 eigens für den Flughafen entwickelten SOS-Stelen sorgt Hamburg Airport für eine blitzschnelle und flächendeckende Verfügbarkeit von Erste-Hilfe-Material und einem Frühdefibrillator. Jede dieser SOS-Stelen kostet inklusive Ausrüstung, Montage, Verkabelung und Aufschaltung auf den Leitstand 10 000 Euro. Hinzu kommen die Kosten für die regelmäßige technische Wartung. Bisher wurden auch 300 Flughafenmitarbeiter durch Ausbilder der Feuerwehr auf die Anwendung des externen Defibrillators geschult. Etwa zehn bis 15 Mal pro Jahr müssen die Erstretter eine Defibrillation bei Patienten mit Kammerflimmern vornehmen – bei derzeit rund 13 Millionen Passagieren jährlich.

HAMBURG-AIRPORT-CHEF MICHAEL EGGENSCHWILER IM GESPRÄCH

„KEIN WACHSTUM AUF TEUFEL KOMM RAUS!"

IM PORTRAIT

Michael Eggenschwiler, Jahrgang 1958, startete seine berufliche Laufbahn bei der Schweizer Fluggesellschaft Crossair, stieg dort zum Vizedirektor sowie Leiter Planung und Beteiligungen auf. 1991 wechselte er zu Swissair, verantwortete dort zwischen 1999 und 2001 den Schweizer Markt. Danach war Eggenschwiler ein Jahr lang Partner bei der Schweizer Unternehmensberatung MAB Consulting, bevor er 2003 Geschäftsführer des Hamburger Flughafens wurde. Seit März 2005 leitet er Hamburg Airport. Der passionierte Skifahrer ist verheiratet und hat zwei Kinder. In seinem Büro im Otto-Lilienthal-Haus am Hamburg Airport lehnen zwei Spaten am Bücherregal.

Ist etwa schon wieder eine Grundsteinlegung geplant – oder ein symbolischer erster Spatenstich?

Nein, nein, die Spaten sind Erinnerungsstücke! Es ist aber doch jetzt erst einmal sehr erfreulich, dass der neue Hamburg Airport zu seinem runden Geburtstag fertig ist, ein Flughafen, der in seiner Funktionalität State of the Art ist und mit dem wir uns sicherlich nicht verstecken müssen. Für die Metropolregion besitzt Hamburg Airport einen hohen Stellenwert, denn er stellt die schnelle Erreichbarkeit sicher, was im Zeitalter der Globalisierung eine unbedingte Notwendigkeit ist.

»Ich glaube, es ist ein ganz besonderes Merkmal dieses Airports, dass wir uns Neuerungen nicht verschließen. Wir wollen im Gegenteil dafür sorgen, dass es mit Entwicklungen vorwärtsgeht und dass neue Wege eingeschlagen werden können. Wir versuchen daher grundsätzlich, bei unserer Arbeit kreativer zu sein.«

Die Kapazitätsgrenze von Hamburg Airport soll mit 16 Millionen Passagieren jährlich erst im Jahr 2030 erreicht werden …
Mit Prognosen wäre ich vorsichtig. Wir planen mittlerweile allerhöchstens bis zum Jahre 2020, und was die Zahl der 16 Millionen Passagiere betrifft, so werden die wohl schon im Jahr 2013 erreicht werden. Was übrigens nicht heißen muss, dass damit auch die Zahl der Flugbewegungen überproportional steigt. Die Luftfahrt ist sehr schnelllebig. So hat sich der Lärmteppich um Hamburg Airport in den vergangenen zehn Jahren um rund 40 Prozent verringert, obwohl die Fluggastzahl um 40 Prozent gestiegen ist. Das Flugaufkommen ist aufgrund größerer Flugzeuge übrigens nur um ein Prozent gestiegen.

Doch irgendwann müsste wieder gebaut werden?
Wahrscheinlich ja, aber wir müssen jetzt nicht mehr den Riesensprung machen. Unser Ziel ist es, mit den Anforderungen in Einzelschritten mitzuwachsen. Das heißt, dass Hamburg Airport genügend Potenzial hat, von innen heraus zu wachsen – bei der Abfertigung, an der Pier, vielleicht noch ein neues Parkhaus oder auch die derzeit diskutierte neue Frachtanlage. Doch bei jeder neuerlichen Expansion wird es sich um ein einzelnes Element handeln. Man muss da vorsichtig sein: Luftfahrt will wachsen, und wir werden die Herausforderung in diesem Spannungsfeld aus Wirtschaftlichkeit und Dienstleistung auch annehmen. Aber wir wollen unbedingt beim heutigen Grundkonzept der kurzen Wege bleiben – aus der S-Bahn heraus, zwei Rolltreppen hoch und dann praktisch schon im Flugzeug sitzen …

Was mögen Sie an Hamburg Airport? Was sind seine Vorteile? Und was würden Sie kritisieren?
Zum einen ist der Hamburger Flughafen sehr gut gelegen. Er ist nahe an den Kunden, er bietet ein breites Angebot an Verbindungen: Vom Hamburg Airport aus erreicht man mit einmaligem Umsteigen rund 800 Flugziele weltweit. Darüber hinaus nimmt Hamburg Airport seine Nachbarn sehr ernst – was wohl auch zu dem guten Verhältnis beigetragen hat, das wir mit ihnen pflegen. Und Hamburg Airport ist innovativ und stets offen für etwas Neues. Das ist auch der einzige Kritikpunkt, den ich derzeit habe: Ich ärgere mich ein wenig darüber, dass man die S-Bahn nicht gleich in Richtung Norderstedt durchgebaut hat respektive die Möglichkeit für eine weitere Anbindung auf dieser Nordachse über Neumünster bis nach Kiel geschaffen hat. Hier wurde meiner Meinung nach eine Chance nicht genutzt.

Offen für etwas Neues? Meinen Sie damit zum Beispiel den versuchsweisen Einsatz der viel diskutierten Körperscanner bei der Sicherheitskontrolle? Manchmal kommt es einem Betrachter von außen vor, als ob Hamburg Airport stets ganz laut „hier!" ruft, wenn wieder einmal eine technische Neuerung ausprobiert werden soll.
Ich glaube, es ist ein ganz besonderes Merkmal dieses Airports, dass wir uns Neuerungen nicht verschließen. Wir wol-

»Hamburg Airport ist ein Dienstleistungsunternehmen. Wir haben diesbezüglich auch dazulernen müssen, wir sprechen inzwischen viel mehr mit unseren Kunden und hören ihnen zu, denn wenn wir etwas Neues tun, dann müssen wir absolut sicher sein, dass die Kunden dies auch wollen, und wir dürfen nicht nur glauben, dass sie es brauchen.«

IM PORTRAIT

len im Gegenteil dafür sorgen, dass es mit Entwicklungen vorwärtsgeht und dass neue Wege eingeschlagen werden können. Wir versuchen daher grundsätzlich, bei unserer Arbeit kreativer zu sein. Und es sind ja nicht nur die Körperscanner, die seit Ende September 2010 am Hamburg Airport im Probebetrieb laufen: Ich darf in diesem Zusammenhang das neue digitale Bodenlagedarstellungssystem A-SMGCS oder unser Umweltengagement erwähnen, das auch entscheidend zu unserer Glaubwürdigkeit unserer Nachbarschaft gegenüber beigetragen hat.

Wie finanziert sich Hamburg Airport?
Hamburg finanziert sich etwa zur Hälfte aus den klassischen Start- und Landegebühren und den Passagierentgelten, die von den Airlines entrichtet werden müssen. Die andere Hälfte der Einnahmen kommt aus Mieten und anderen kommerziellen Geschäften wie dem Parken und den Abfertigungsgeschäften. Gerade dort sind wir gehalten, die zukünftigen Entwicklungen mitzugestalten und das Bedürfnis der Kunden nach Dienstleistung zu erfüllen – denn Hamburg Airport ist ein Dienstleistungsunternehmen. Wir haben diesbezüglich auch dazulernen müssen, wir sprechen inzwischen viel mehr mit unseren Kunden und hören ihnen zu, denn wenn wir etwas Neues tun, dann müssen wir absolut sicher sein, dass die Kunden dies auch wollen, und wir dürfen nicht nur glauben, dass sie es brauchen. Darüber hinaus versuchen wir am Hamburg Airport, alle maßgeblichen Stellen – also auch die Behörden, die am Hamburg Airport tätig sind – in unsere Arbeit einzubinden.

Wie soll man das verstehen?
Sicherheitskontrollen sind notwendig. Aber man kann dabei auch durchaus freundlich zu den Passagieren sein. Denn das sind unsere Kunden. Wir haben uns da eine ziemlich hohe Messlatte auferlegt.

Das sogenannte Non-Aviation-Geschäft wird für Flughäfen immer interessanter und wichtiger. Manche Experten sagen voraus, dass bald mehr als 60 Prozent der Umsätze aus dem Non-Aviation-Geschäft generiert werden könnte. Sehen Sie sich selbst als Flughafendirektor, oder sind Sie bereits auf bestem Wege zum Centermanager einer Shoppingmall?
Als Geschäftsführer eines Flughafens, denn Shoppingmall ist sicherlich der falsche Begriff. Hamburg Airport ist keine Konkurrenz für Einkaufszentren, denn die Hauptaufgabe eines Flughafens ist und bleibt die sichere und schnelle Abfertigung des Flugverkehrs, der in den kommenden Jahren noch weiter an Bedeutung gewinnen wird. Es ist ein absolutes Wachstumsgeschäft. Darüber hinaus hat sich in den vergangenen zehn Jahren schon wieder vieles verändert: Die Passagierabfertigung ist enorm schnell geworden; es gibt praktisch keine Tickets mehr, bald können Sie wahrscheinlich einfach mit Ihrem Mobiltelefon durch die Bordkartenkontrolle gehen, die Koffer werden jetzt im Keller durchleuchtet – davon be-

kommt der Passagier gar nichts mehr mit –, und für uns ist es bereits jetzt möglich, im Zehn-Minuten-Raster zu planen, wie und wohin Passagierströme gelenkt werden müssen.

Welche Rolle wird das Cargogeschäft am Hamburg Airport in Zukunft spielen?
Das Frachtgeschäft ist ein wesentlicher Bestandteil unseres gesamten Angebots und für einige hier ansässige Unternehmen wie Lufthansa Technik, Airbus und die Schiffsindustrie ein zentrales Merkmal. Die zahllosen Kleinsendungen mit technischen Ersatzteilen sind ein ganz besonderer Markt. Darüber hinaus müssen wir bei unseren Versuchen, weitere Langstreckenverbindungen aufzunehmen, ohne eine vernünftige Auslastung der Luftfracht gar nicht erst antreten.

Stichwort Langstreckenverbindungen: Da hat Hamburg Airport vielleicht doch noch etwas Nachholbedarf?
Langstrecken besitzen selbstverständlich auch einen emotional hohen Wert und sind für jeden Flughafen ein Aushängeschild. Ich sehe für Hamburg durchaus Potenzial für weitere Direktverbindungen in die USA, nach Chicago und Washington sowie einen zweiten Flug nach New York. Darüber hinaus wäre auch die direkte Verbindung in die chinesische Partnerstadt von Hamburg, Shanghai, eine Strecke, die das Marktvolumen rechtfertigt, und vielleicht auch ein zweiter regelmäßiger Flug nach Dubai. Aber für mich ist es in erster Linie wichtig, dass die Vielfalt der Erreichbarkeit hochgehalten wird – und was die Angebotsdichte betrifft, da ist Hamburg Airport sehr gut aufgestellt. Im schönen, schnellen und modernen Punkt-zu-Punkt-Flughafen liegt unsere Chance, und selbst wenn Hamburg Airport kein Drehkreuz ist, so leben wir doch sehr gut damit.

Wann wird Hamburg Airport das Zentrum einer Airport City sein?
Man muss vorsichtig sein, was unter City verstanden wird. Wir haben im Gegensatz zu München oder Düsseldorf keine Landreserven. Aber natürlich sind wir bestrebt, Unternehmen in die Region um den Flughafen herum zu ziehen. Diese Entwicklung hat in den vergangenen Jahren übrigens wieder etwas zugenommen – siehe etwa Norderstedt, wo zahlreiche neue Bürogebäude und Logistiken entstanden sind. Aber bei all diesen Bestrebungen müssen wir auch immer die Bevölkerung mitnehmen. Das ist etwas, was wir als Flughafen respektieren müssen, denn das gute nachbarschaftliche Verhältnis erachte ich als ein hohes Gut. Das heißt auch: Kein Wachstum auf Teufel komm raus. Ich glaube, dass diese von uns ausgesandte Botschaft ankommt, denn soweit ich es beurteilen kann, lieben die Hamburger ihren Flughafen wirklich.

PREISGEKRÖNTES UMWELTMANAGEMENT

AUCH UMWELTSCHUTZ IST CHEFSACHE

HINTER DEN KULISSEN

Das betriebliche Umweltmanagement besitzt am Hamburg Airport eine hohe unternehmensinterne Bedeutung und Akzeptanz – und das nicht nur seitdem die Umweltabteilung seit einigen Jahren mit Beratungsaufträgen auf nationaler und internationaler Ebene sogar Geld verdient. Die zurzeit 14 hauptberuflichen Mitarbeiter fristen daher auch kein Leben in Abgeschiedenheit am Rande des Flugfeldes, sondern wurden mit der Gründung der Abteilung 1989 als eigene Stabsstelle an die Geschäftsführung angedockt. Im Jahre 1999 erhielt Hamburg Airport als erster Flughafen weltweit für sein Umweltmanagement zwei Ökozertifikate nach den strengen Normen der EU und der ISO14001. Im Jahre 2008 wurden Axel Schmidt, Leiter der Umweltabteilung, und sein Team mit dem renommierten Umweltpreis der Schleswig-Holsteinischen Wirtschaft ausgezeichnet. Hamburg Airport hat inzwischen bewiesen, dass es möglich ist, Ökologie und Ökonomie zur gegenseitigen Bereicherung sinnvoll miteinander zu verbinden – wenn vorsorgender Umweltschutz zum Bestandteil der Unternehmensstrategie wird.

Ein funktionierendes und effizientes Umweltmanagement bedeutet für ein Unternehmen dabei jedoch nichts anderes, als die „eigenen Umweltschutzgedanken" so zielgerichtet wie möglich zu verfolgen. Um diese Vorgaben einzuhalten, werden am Hamburg Airport alle umweltrelevanten Daten erhoben und ausgewertet. Aus diesen Ergebnissen werden dann im Zusammenspiel mit den aktuellen umweltrechtlichen Auflagen die Maßnahmen ergriffen, mit denen die formulierten Ziele nicht nur erreicht, sondern möglichst noch übertroffen werden sollen. Dabei wissen sämtliche Beteiligten, dass alle erfolgreichen Bemühungen in erster Linie von der Motivation der Mitarbeiterinnen und Mitarbeiter eines Unternehmens abhängig sind. Deshalb bindet Hamburg Airport seine Beschäftigten aktiv in dieses wichtige Thema ein: Tickets für den öffentlichen Nahverkehr werden bezuschusst; es gibt Umweltschutz-Aktionstage und die Möglichkeit zu einer individuellen Energieberatung für alle Abteilungen.

Am und rund um den Hamburg Airport werden kontinuierlich Lärmmessungen durchgeführt und die ausgewerteten Daten zügig veröffentlicht. Darüber hinaus werden Lärmkon-

Hamburg Airport ist auch die größte zusammenhängende Grünfläche in der Hansestadt.

turen berechnet, die zum einen das aktuelle Lärmkontingent demonstrieren und zum anderen die Lärmschutzprogramme darstellen. Durch ein ausgeklügeltes Fluglärmüberwachungssystem werden die Geräuschpegel den jeweiligen Maschinen zugeordnet. Die Deutsche Flugsicherung (DFS) versucht permanent, vor allem die startenden Flugzeuge so zu führen, dass möglichst wenige Menschen vom Fluglärm betroffen sind. Und dass Hamburg Airport bereits seit mehr als 30 Jahren umfangreiche freiwillige Schallschutzprogramme betreibt, die den unmittelbar betroffenen Bewohnern in den lärmintensiven Ab- und Anflugzonen zugute kommen – mit speziellen Lüftern, dem Einbau von Schallschutzfenstern sowie Außenwohnbereichsentschädigungszahlungen –, muss eigentlich gar nicht mehr erwähnt werden.

Bei der Energieversorgung gilt der Hamburger Flughafen als Vorreiter für zukunftsorientierte Technologie: In den vergangenen Jahren konnte der CO_2-Ausstoß am Boden um rund 12 000 Tonnen pro Jahr vermindert werden, was dem durchschnittlichen Jahresausstoß von 5800 Mittelklasseautos entspricht. Gegenüber dem Hamburger Senat hat sich Hamburg Airport darüber hinaus verpflichtet, die CO_2-Emissionen seiner eigenen Anlagen um einige weitere 1000 Tonnen CO_2 zu senken. Dieses Vorhaben wird unter anderem durch ein sogenanntes Thermolabyrinth unterstützt, das die natürliche

HINTER DEN KULISSEN

Erdwärme nutzt, um je nach Bedarf die Terminals mit warmer oder kühler Luft zu versorgen und auf diese Weise die Klimaanlage zu entlasten. Im Ergebnis werden so jährlich rund 400 Tonnen CO_2 eingespart.

Alle Gepäckschlepper sowie acht Passagierbusse, die am Hamburg Airport im Bodenverkehr eingesetzt sind, werden schon seit vielen Jahren mit Erdgas betankt. Zudem läuft bereits seit Anfang des Jahres 2007 ein Langzeitversuch mit Wasserstoff-Brennstoffzellen. Im Einsatz befinden sich zurzeit ein Minivan sowie zwei Gepäckschlepper: Wasserstoff und Sauerstoff werden zu Wasser verbrannt, wobei elektrische Energie entsteht, die das Fahrzeug antreibt. Dieses Verfahren erzeugt bis auf den zurückbleibenden Wasserdampf keine Abgase. Hierzu wurde eigens eine Wasserstofftankstelle am Hamburg Airport errichtet.

Rund 160 Hektar des gesamten Flughafengeländes besitzen eine befestigte Oberfläche. Dementsprechend groß sind die Wassermengen, die abgeleitet werden müssen. Um den störungsfreien Abfluss der zum Teil gigantischen Wassermengen zu gewährleisten, gibt es auf dem Hamburg-Airport-Gelände insgesamt acht Regenrückhaltebecken, in denen das Wasser bei Bedarf zwischengespeichert werden kann. Das zum überwiegenden Teil unbelastete Oberflächenwasser wird unter ständiger Kontrolle ins Flüsschen Tarpenbek eingeleitet. Die Enteisung von Flugzeugen findet ausschließlich auf versiegelten Vorfeldflächen statt. Das Enteisungsmittel vermischt sich bei Niederschlag mit dem Oberflächenwasser und erhöht dann die Konzentration von organisch gebundenem Kohlenstoff, Total Organic Carbon (TOC). Von Anfang Oktober bis Ende März kontrolliert daher eine TOC-Messanlage ständig die Qualität des Wassers. Ab einem Gehalt von mehr als 50 mg TOC pro Liter wird das Wasser aus den Regenrückhaltebecken dann nicht mehr in die Tarpenbek geleitet, sondern in das städtische Siel zum Klärwerk. Darüber hinaus sind insgesamt 27 Abscheideranlagen für die befestigten Flächen installiert, die eine Verschmutzung des Wassers durch Öle und Treibstoffe verhindern. Die WC-Anlagen des Terminals 1 werden mit Regenwasser gespeist. Der Speicher besitzt ein Fassungsvermögen von 350 Kubikmetern. Nur während lang anhalten-

Umweltschutz am Hamburg Airport ist ein fester Bestandteil der Unternehmensstrategie. Dies betrifft Bereiche wie Lärm, Luft, Energie, Wasser und Abfall.

MARKUS MUSSER, JAGDBEAUFTRAGTER

der Trockenperioden muss Trinkwasser in die sanitären Anlagen gepumpt werden – die jährliche Ersparnis beträgt circa 6,5 Millionen Liter Wasser.

Die Vermeidung von „Vogelschlag", also die Kollision zwischen Flugzeugen und Vögeln, ist für die Umweltabteilung des Flughafens ein stetiger Balanceakt: Zum einen sollen ja die mehr als 300 Hektar Grünfläche des Hamburg Airport in einem möglichst naturnahen Zustand erhalten, zum anderen muss natürlich das Risiko des Vogelschlags unbedingt minimiert werden. Deshalb wird konsequent auf den Einsatz von Düngemitteln verzichtet, was einerseits den Erhalt ökologisch wertvoller Magerstandorte sichert und gleichzeitig das Nahrungsangebot für die Vögel verringert. Die „Langgrasbewirtschaftung" verringert zusätzlich die Anzahl der Vögel, da sie für ihre Brut und die Nahrungssuche üblicherweise offene Flächen mit niedrigem Vegetationsstand bevorzugen. Hinzu kommt das großflächige Abspannen von Wasserflächen mit Netzen, um Wasservögeln von vornherein die Lust auf eine Landung zu nehmen. Diese ökologisch orientierten Maßnahmen haben im Laufe der vergangenen zwanzig Jahre dazu geführt, dass die Anzahl der Vogelschläge gegenüber früher erheblich reduziert werden konnte. Bei einfallenden Schwarmvögeln wie Möwen oder Kiebitzen kommt Pyrotechnik zum Einsatz – und nur Extremfall, die Flinte.

Er hat einen der außergewöhnlichsten Berufe am Hamburg Airport: der Jagdbeauftragte Markus Musser. „Ich muss einen genauen Überblick über die Tiere besitzen, die auf dem Gelände des Flughafens leben. Insektenarten, Mäuse und die Anzahl der Vögel sind dabei am wichtigsten. Die Jagd macht den Flugverkehr sicherer, da sie Kollisionen von Flugzeugen und Tieren vorbeugt", erklärt der Diplom-Forstwirt die Bedeutung seiner Arbeit. Flexible Arbeitszeiten ist Markus Musser, eine sächsische Frohnatur, gewöhnt: „Früh morgens oder am Abend in der Dämmerung ziehe ich meine grüne Arbeitskleidung an und gehe auf die Jagd. Da richte ich mich ganz nach dem Tagesrhythmus der Tiere."

WIR SIND HAMBURG AIRPORT

DER SAGENHAFTE AUFSTIEG VON AIRBUS IN HAMBURG

KOMPETENZ IST, WAS MAN DARAUS MACHT

AIRBUS

Die eigentliche Geschichte des neuen Weltmarktführers im Flugzeugbau begann erst im Jahre 1965, in der Zeit der Fusionen in der deutschen und europäischen Luftfahrtindustrie. Das Ziel damals war, konkurrenzfähige Passagierflugzeuge zu den amerikanischen Herstellern Boeing und McDonnell Douglas auf den Markt zu bringen. Aufgrund des hohen Bedarfs an Kapital und Wissen wäre dies einem einzelnen europäischen Flugzeughersteller wahrscheinlich niemals möglich gewesen. Der erste Airbus mit der Typenbezeichnung A300 hob am 28. Oktober 1972 in Toulouse zum Jungfernflug ab, wo die Teile, die aus ganz Europa zugeliefert wurden, zum fertigen Flugzeug zusammengebaut wurden. Aus Hamburg stammten damals die Großbauteile wie das Rumpfheck und die Sektion über den Flügeln; das Airbus-Werk in Stade lieferte das acht Meter hohe Seitenleitwerk.

Auf dem traditionsreichen Boden in Hamburg-Finkenwerder, wo bereits ab den 1930er-Jahren Flugzeuge gebaut wurden (Blohm + Voss, nach dem Krieg Hamburger Flugzeugwerke) arbeiten heute rund 12 000 festangestellte Mitarbeiter. Hamburg ist damit der zweitgrößte Standort innerhalb des Airbus-Verbunds – und bildet gemeinsam mit Stade ein weltweit einmaliges Kompetenzzentrum für den modernen Flugzeugbau: Hamburg entwickelt Rümpfe und Kabinen für alle Airbus-Produkte, baut die Rumpfsegmente, stattet sie mit allen Systemen aus und betreibt darüber hinaus die größte von drei Endmontagen für die A320-Familie (A318, A319, A320 und A321). 18 Flugzeuge pro Monat werden zurzeit von dieser Produktfamilie ausgeliefert – im Jahre 2012 werden es 22 sein.

Auch das größte Passagierflugzeug der Welt, der Airbus A380, wird maßgeblich am Standort Hamburg entwickelt und gebaut. Neben der Struktur- und Ausrüstung der vorderen und hinteren Rumpfsektionen ist der Standort Hamburg für die Kabinenausstattung, die Lackierung, die finalen Tests

Das rund 300 Hektar große Airbus-Gelände im Süden von Hamburg mit eigener Start- und Landebahn.

sowie die Auslieferung an Kunden in Europa und den Nahen Osten zuständig. Auch das neueste Produkt, der zweistrahlige Langstreckenjet A350, wird maßgeblich in Hamburg entwickelt. Dieses Flugzeug besteht zu 53 Prozent aus Kohlefaserverbundwerkstoffen: Dies spart Gewicht, und das bedeutet einen bis zu 25 Prozent geringeren Treibstoffverbrauch als heutige Modelle in diesem Marktsegment.

Bei der A350-Entwicklung von Rumpf und Kabine arbeiten Airbus-Ingenieure und Partnerunternehmen aus der ganzen Welt auf speziellen Designplateaus. Die Aufgaben umfassen Grundlagenforschung, Technologieeinsatz, Konstruktion, Nachweis, Versuch und Zertifizierung. Mittels einer modernen 3-D-Entwicklungssoftware werden alle Details des Innenraumes gestaltet und geplant, in speziellen Teststänen werden diese Kabinensysteme dann auf Herz und Nieren geprüft und gegebenenfalls optimiert. Der Einsatz von Virtual Reality erlaubt es, jedes Detail der Kabinenausstattung zu betrachten und dem Kunden schon in frühen Entwicklungsphasen Designentwürfe zu präsentieren. Auch Untersuchungen der Erreichbarkeit von Systemen für Mechaniker sind mittels Virtual Reality bereits während der Konstruktionsphase möglich. Die Integration großer, komplexer Bauteile wird zusätzlich zur 3-D-Welt noch mit physikalischen Einbauversuchen validiert.

Ebenfalls in Hamburg angesiedelt ist die Leitung für die Entwicklung und Produktion der vorderen und hinteren Rumpfsektionen. In einem Verbund spezialisierter Werke mit Airbus in Bremen sowie Premium Aerotec, einer hundertprozentigen Airbus-Tochter, in Nordenham und Varel kommen Mitarbeiter aus den Kernfunktionen wie Entwicklung, Einkauf, Produktion und Programme dort zusammen. Die Produkte dieses Verbundes sind komplett ausgerüstete Rumpfsektionen für die gesamte Airbus-Flotte. Die Rumpfmontage in Hamburg gliedert sich in die Programmzentren A320-Familie, Long Range (A330, A340, A350) und A380. Der Standort verfügt über langjährige Erfahrungen in der gesamten Prozesskette von der Strukturmontage über die Ausrüstungsmontage bis hin zur Endmontage und Lackierung. Zudem werden in umfangreichen Testeinrichtungen unter anderem statische und dynamische Versuche vorgenommen. Die Ausrüstung von Rümpfen der A320-Familie mit flugwichtigen Systemen erfolgt durch das Fließprinzip (Movingline). Mit einer Geschwindigkeit von einem Meter pro Stunde bewegen sich die Bauteile auf ihren Vorrichtungen. Dabei werden sie mit allen Flugsteuerungs- und Passagiersystemen wie Elektrik, Elektronik, Hydraulik, Klima und Wasser versehen. Hamburg ist neben Toulouse in Frankreich und Tianjin in China außerdem eines von drei Endmontagezentren für Flugzeuge der A320-Familie.

Aufgrund dieser umfangreichen Arbeitspakete wurde der Standort Hamburg erweitert, das Werksgelände hat sich verdoppelt. Auf dem 140 Hektar großen Erweiterungsgelände Mühlenberger Sand entstanden so neben der A380-Rumpfmontagehalle unter anderem Hallen für die A380-Kabinenausstattung und -lackierung sowie eine neue Halle für die

Schon bald sollen bis zu 22 A320-Airbus-Modelle das Werk Hamburg-Finkenwerder pro Monat verlassen.

AIRBUS

A350-Rumpfproduktion. Auf einer eigens gebauten Roll-on-Roll-off-Anlage werden die kompletten Rumpfsektionen für den Airbus A380 verladen und nach Frankreich verschifft. Beim Bau des Airbus A380 mit zwei durchgängigen Passagierdecks und 525 Sitzen in der Basisversion ist der Standort Hamburg somit für vier anspruchsvolle Arbeitspakete verantwortlich – und zwar sowohl in der Entwicklung als auch in der Produktion: Dies umfasst die Struktur- und Ausrüstungsmontage aller vorderen und hinteren A380-Rumpfsektionen, die komplette Innenausstattung der Passagierkabine und des Frachtraums aller A380, die Lackierung aller A380 und die Endabnahme sowie die Auslieferung an Kunden in Europa und im Nahen Osten.

Darüber hinaus ist Hamburg an allen Entscheidungen für die verschiedenen Flugzeugprogramme beteiligt. So hat neben dem nationalen Programm-Management für die A330, A340, A350 und A380 auch die internationale Programmleitung für die A320-Familie ihren Sitz in der Hansestadt.

Auch der Kundenservice genießt bei Airbus hohe Priorität. Airbus Spares Support and Services am Hamburg Airport ist verantwortlich für das weltweite Ersatzteilmanagement der Airbus-Flotte. Hier im Hauptlager befinden sich ständig mehr als drei Millionen Ersatzteile, die dank der ausgefeilten Logistik – unter Einbeziehung der regionalen Ersatzteillager in Washington D. C., Peking, Singapur, Dubai, Shanghai und Frankfurt – eine schnelle Teileversorgung rund um die Uhr sicherstellen.

Das Airbus Training Centre (ATC) für die A320-Familie auf der Rüschhalbinsel in Hamburg-Finkenwerder bietet ein umfangreiches Schulungsangebot für Flugzeugtechniker und Wartungsteams der Airbus-Kunden. Mit modernen Simulationsmethoden werden die „Trainees" auf ihre Arbeit am realen Flugzeug vorbereitet. Ebenfalls auf der Rüschhalbinsel ist der Airbus Technologie Park (ATP), wo sich Zulieferbetriebe und Ingenieurbüros angesiedelt haben.

Der Airbus-Standort Stade zeichnet sich vor allem durch seine Entwicklungs- und Produktionskompetenzen auf dem Gebiet der Kohlenstofffaserverbundwerkstoffe (CFK) aus. Zusammen mit dem CFK-Valley bildet der Standort auf einmalige Art und Weise die gesamte Kette von Grundlagenforschung (CFK-Forschungszentrum), Technologieeinführung und -validierung (Technologiezentrum), Ausbildung (gewerblich bei Airbus und Hochschulstudiengang der Privaten Fachhochschule Göttingen) und Industrialisierung (Produktion bei Airbus) ab.

In Stade werden Seitenleitwerke für die gesamte Airbus-Flotte produziert: vom 22 Quadratmeter großen Seitenleitwerk für die A320-Familie bis zum 14 Meter hohen und 120 Quadratmeter großen Seitenleitwerk für den doppelstöckigen Airbus A380. Die Produktion ist hier unter einem Dach angesiedelt – die Seitenleitwerke werden dabei auf einer 450 Meter langen, hochmodernen Fertigungslinie in automatisierten Arbeitsschritten von der Materialanlieferung bis hin zum Abtransport des komplett ausgerüsteten Bauteils gefertigt.

Mit seinen rund 1600 Mitarbeitern hat sich der Standort Stade dabei in den vergangenen 25 Jahren zu einer der weltweit führenden Verarbeitungsstätten von Kohlenstofffaserverbundwerkstoffen entwickelt. CFK-Bauteile zeichnen sich durch geringes Gewicht bei extrem hoher Festigkeit und Belastungsfähigkeit aus. Außerdem ist dieses Material sehr wartungsfreundlich und senkt somit die Betriebskosten eines Flugzeugs. Leitwerke zählen zu den weltweit größten Strukturbauteilen aus Faserverbundwerkstoffen für Verkehrsflugzeuge. Bereits 1983 wurde das erste Seitenruder aus CFK für den A310 hergestellt. Neben den Seitenleitwerken werden auch Komponenten wie Landeklappen für die A320-Familie und Spoiler für die Mittel- und Langstreckenflugzeuge A330 und A340 produziert. Außerdem stellt Airbus in Stade Druckkalotten (sie schotten das hintere Ende des unter Normaldruck stehenden Passagierraumes gegen den umgebenden Atmosphärendruck ab) für die A330, A340- und die A380-Familien her. Mit einem Durchmesser von mehr als sechs Metern hat die Druckkalotte für den Großraum-Airbus A380 ein Gewicht von nur 250 Kilo.

Beim neuesten Modell der Airbus-Flotte, dem A350, übernimmt der Standort Stade die Montage des Seitenleitwerks, die Produktion der oberen Flügelschalen sowie der oberen und unteren Rumpfschale der Sektion 18/19. Die Flügelschalen sind mit rund 32 Meter Länge die größten Bauteile aus Kohlenstofffaserverbundwerkstoffen, die in Stade produziert werden. Auch für das Militärtransportflugzeug A400M fer-

Airbus 40 years of innovation

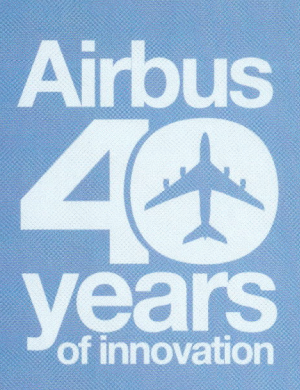

Ideen, die bewegen
Menschen, die verbinden
Projekte, die Zukunft bedeuten

Airbus gratuliert Hamburg Airport
zum 100-jährigen Bestehen

AIRBUS
AN EADS COMPANY

Rund 12 000 Menschen arbeiten für Airbus auf der ehemaligen Elbhalbinsel Finkenwerder.

AIRBUS

tigt der Standort Stade die Seitenleitwerke sowie die oberen und unteren Flügelschalen, für den Eurofighter wird die CFK-Rumpfschale produziert.

Zusätzlich legt man am Standort Stade großen Wert auf die Aus- und Weiterbildung von Spezialisten im Bereich CFK-Technologie. Hier erfolgt die Berufsausbildung von CFK-Facharbeitskräften für alle deutschen Airbus-Standorte. In unmittelbarer Nachbarschaft zum Werk Stade hat sich zudem eine Fachhochschule angesiedelt, die Ingenieuren spezifisches CFK-Fachwissen im Rahmen von verschiedenen Studiengängen mit Bachelor- oder Masterabschlüssen vermittelt. Das benachbarte Technologiezentrum ermöglicht die Umsetzung von Forschungsvorhaben und fördert so die Weiterentwicklung der CFK-Technologie.

Zu diesem weltweit einmaligen Kompetenzzentrum für den Flugzeugbau gehört auch der Standort Buxtehude, der für die Entwicklung, Produktion und After-Sales-Betreuung aller elektronischen Kommunikations- und Kabinenmanagement-Systeme der gesamten Airbus-Flotte zuständig ist. Darunter fallen das digitale Kabinenkommunikations- und Managementsystem CIDS (Cabin Intercommunications Data System für Ansagen von Piloten oder Crew, zur Temperatur- oder Beleuchtungssteuerung, Water/Waste-Tanklevel-Anzeige sowie zahlreiche weitere Airline-spezifische Funktionen) und der Versorgungskanal PSC (Passenger Supply Channel, in dem Sitzreihennummerierung, Leselampen, Anschnallzeichen, Lautsprecher und die Pax-Call-Funktion für die Passagiere zusammengefasst sind). Außerdem sind in Buxtehude der Customer Service (24-Stunden-AOG-Ersatzteil-Service, Vor-Ort-Service, Ersatzteilverkauf, Vermietung, Schulungen für Crew und Service sowie die technische Dokumentation) und die KID-Systeme GmbH ansässig. Diese hunderprozentige Tochter von Airbus produziert unter anderem SkyPower, das weltweit erste 110-V-Stromversorgungssystem in Passagierflugzeugen, das direkt in den Sitz integriert ist und für die Spannungsversorgung von Notebooks, mobilen Videoplayern und anderen Personal Electronic Devices sorgt, sowie das Connectivity-on-Board-System, das den Passagieren die Nutzung von Mobiltelefonen und WiFi-fähigen Geräten, zum Beispiel Laptops, während des Fluges ermöglicht. Bis heute hat KID-Systeme rund eine viertel Million Sitze bei Airlines weltweit ausgestattet.

DUTY FREE

Der Flughafen Hamburg – weltbewegend seit 1911.

Heinemann Duty Free gratuliert zum 100. Geburtstag.

HEINEMANN

DUTY-FREE-EINKAUF IN DER HAMBURG AIRPORT PLAZA

ENTSPANNT SHOPPEN VOR DEM ABFLUG

HINTER DEN KULISSEN

Der Heinemann Duty Free heißt die Reisenden in der Airport Plaza willkommen.

Das Gepäck ist eingecheckt, jetzt kann die Reise beginnen – und entspanntes Shoppen gehört irgendwie dazu: Schon 1960 begann im ersten Duty-free-Shop am Hamburg Airport der Verkauf zoll- und steuerbefreiter Ware. Mit dem Flugzeug in ferne Länder und auf andere Kontinente reisen – was mittlerweile selbstverständlich ist, war damals noch ein außergewöhnliches Privileg. Dem besonderen Anlass entsprechend schick zurechtgemacht, genossen die Passagiere die Vorfreude auf den Flug. Sich bei diesem Ereignis etwas zu gönnen, eine persönliche Erinnerung oder ein Mitbringsel für die Verwandten zu erstehen, das war und ist ein Highlight für die Reisenden.

Heute gelangen die Fluggäste am Hamburg Airport durch die zentrale Sicherheitskontrolle in die Airport Plaza, einen Marktplatz, auf dem sich zahlreiche internationale Marken präsentieren. Sofort fallen einem die großen blau-rot-silbernen Eingangsportale ins Auge, die zum Duty-free-Shopping einladen. „Heinemann" steht darauf, daneben drei rote Segel, die eine Assoziation zu Einkaufstaschen nahelegen und gleichzeitig das hanseatische Unternehmen symbolisieren, das hinter dem Duty-free-Shop steht: das Hamburger Traditionshaus Gebr. Heinemann. Geführt wird das Unternehmen von der vierten Generation der Familie Heinemann, den beiden Vettern Claus und Gunnar Heinemann. Seit über 130 Jahren hat das Unternehmen seinen Sitz in der Hamburger Speicherstadt. Hier im Hafen hat das Duty-free-Geschäft seinen eigentlichen Ursprung: Schiffsmannschaften wurden schon 1879 von Gebr. Heinemann für ihre langen Reisen über die Weltmeere mit zoll- und steuerbefreiter Ware ausgestattet. „Unsere Vorfahren belieferten die Schiffsausrüster hauptsächlich mit Tabakwaren und Spirituosen", berichtet Claus Heinemann. „Dabei wollten die Seeleute natürlich gern ihren Lieblings-Whiskey oder -Gin, der sie an die Heimat erinnerte. Durch die internationalen Vorlieben der Seeleute ist auch unser Unternehmen zum Experten für den Genuss aus aller Welt geworden." Heute gehören die Hamburger weltweit zu den drei bedeutendsten Unternehmen im Reise-Einzelhandel. Sie kennen sich mit den Wünschen der Reisenden aus, führen deshalb zahlreiche eigene Shops an Flughäfen und beliefern andere Airports, die ihre Shops selbst betreiben. Dabei haben sich die Wünsche der Reisenden über die Zeit verändert: Die Vielfliegerin will neben den beliebten Klassikern auch die jüngsten Parfüm- und Kosmetikneuheiten bieten. Der Geschäftsmann nutzt die Zeit vor dem Abflug für einen Einkauf bei Boss oder Montblanc. Auf Wunsch liegt bei seiner Rückkehr die gekürzte Anzughose oder der gravierte Füllfederhalter bereit zum Abholen. Asiaten bevorzugen Hermès und Bulgari, Marken, die einen hohen Status genießen. Urlauber steuern den Destination Hamburg-Shop mit echt hanseatischen Souvenirs an. Gunnar Heinemann: „Bei uns kann jeder einkaufen, der im Besitz einer Bordkarte ist. Und für jeden möchten wir mit unseren 160 Mitarbeitern am Hamburg Airport das Gesuchte bieten."

Mit Hamburg als Heimat war es selbstverständlich, dass der neue Auftritt, den Gebr. Heinemann für seine Duty-free-

Shops entwickelte, auch als Erstes in der Hansestadt seinen Platz findet. Seit dem Start der Airport Plaza Ende 2008 heißen die Shops jetzt Heinemann Duty Free. „Mit unserem Familiennamen möchten wir dem Duty-free-Geschäft ein Gesicht geben und das Vertrauen unserer Kunden gewinnen. Sie sollen sich bewusst für Heinemann entscheiden", erklärt Gunnar Heinemann. „Bei uns finden die Fluggäste internationale Marken zu günstigen Preisen, kombiniert mit vielfältigen Überraschungen von Produktneuheiten bis zu Trends aus aller Welt." Dass die Reisenden beim Einkauf im Duty-free-Shop Geld sparen, bestätigt auch der TÜV Rheinland, dessen unabhängige Experten regelmäßig die Preisgestaltung von Parfüms, Kosmetika und Spirituosen überprüfen. Das Ergebnis: 90 Prozent der Produkte bei Heinemann bieten den Kunden einen Preisvorteil von bis zu 30 Prozent gegenüber Inlandsgeschäften und Internetverkäufen.

Eine weitere Besonderheit im Heinemann Duty Free ist eine Aktionsfläche, auf der regionale Produkte, Spezialitäten und Delikatessen präsentiert werden. Gestaltet wurde der Bereich von dem bekannten Architekten Hadi Teherani. Gefragt, was er mit Hamburg verbinde, war die Antwort des vielseitigen Designers: „Die Stadt am Wasser." Das legendäre Niederegger-Marzipan aus Lübeck, die hochwertigen Röstungen von Speicherstadt-Kaffee, Prosecco der berühmten Sansibar auf der Insel Sylt und vieles mehr findet der Kunde nun auf schwebenden Rettungsringen und Hafenpollern, das Farbkonzept greift Elbe, Hafen und Himmel auf.

Und wer es ganz eilig hat, kann seine Einkäufe bereits vor der Reise telefonisch oder online vorbestellen. Diese stehen dann am Service-Counter im Shop bereit zum Mitnehmen im Vorbeigehen. Alle, die noch ein bisschen Zeit vor dem Abflug haben, können in Ruhe den Shoppingbummel am Flughafen genießen. Fest steht nur: Das Einkaufen vor dem Abflug hat seine Anziehungskraft behalten. Durch neue Konzepte und die große Auswahl an internationalen Marken ist der Flughafen mehr denn je zu einem Schaufenster für die Welt geworden.

GUNNAR UND CLAUS HEINEMANN

„Hamburg ist seit über 130 Jahren die Heimat unseres Unternehmens. Und vom Hamburg Airport aus starten auch wir zu all unseren Reisen. Kunden und Partner aus der ganzen Welt landen hier, wenn sie zu uns kommen", sagen Gunnar und Claus Heinemann, deren gleichnamiges Familienunternehmen einst mit der zollfreien Belieferung von Schiffen mit zollfreien Waren im Hamburger Hafen begann. Heute sind die „Heinemänner" eine feste Größe am Hamburg Airport. „Für uns war es selbstverständlich, dass wir unser neues Markenkonzept ‚Heinemann Duty Free' als Erstes in Hamburg verwirklicht haben. Die Airport Plaza ist ein außergewöhnlicher, spannender Marktplatz für internationale Marken, auf dem Kunden und Passagiere viel Neues entdecken können."

DER ZOLL AM HAMBURG AIRPORT

ÖFFNEN SIE MAL BITTE IHREN KOFFER!

HINTER DEN KULISSEN

„Der Zoll ist die Steuerverwaltung des Bundes und dafür zuständig, fällige Steuern und Abgaben auch für die Europäische Union zu erheben", sagt Tilman Lewitz. Der Zolloberamtsrat ist seit 2006 Dienststellenleiter des Zollamtes Hamburg-Flughafen. Auf dem Hamburger Flughafen sind derzeit 172 Zöllnerinnen und Zöllner tätig. Knapp die Hälfte der Beamtinnen und Beamten ist für die Kontrolle der Ein- und Ausfuhr der Waren zuständig, die über Hamburg Airport in die Europäische Union gebracht oder von hier ausgeführt werden. Im Gegensatz zum Reiseverkehr wird hier sehr intensiv die Ausfuhr überwacht, insbesondere bei Waren, die im Ausland für militärische Zwecke verwendet werden könnten, wie etwa eine Hochdruckverdichter-Pumpe für die Uranaufbereitung.

Das Hauptaugenmerk bei der Einfuhrkontrolle liegt auf Waffen, Artenschutz und Produktpiraterie. Im Bereich der Produktpiraterie liegt der Schwerpunkt auf Elektronik, Handyzubehör sowie Textilien. Sollten die Beamten beispielsweise Zweifel an der Echtheit mehrerer Paletten Nike-Trainingsanzüge haben, wird die Ware zunächst nicht freigegeben und eine Warenprobe zur Überprüfung an den Hersteller geschickt. „Alle Kollegen haben ein gutes Gespür dafür, ob etwas wirklich so ist, wie es zu sein scheint", lächelt Michael Castens, Leiter des Abfertigungsdienstes. An diesem Freitag sollen 18 Kartons als Gefahrgut deklarierter Dentalzement von Hamburg nach New Jersey fliegen. Eine „Beschau" wird angeordnet, und tatsächlich befindet sich im geprüften Karton die angegebene Ware. Einer Ausreise in die USA steht nun nichts mehr im Wege. Im Frachtbereich am Flughafen Hamburg werden jährlich 500 000 Sendungen bearbeitet, davon werden rund zehn Prozent kontrolliert. Castens: „Wir machen sozusagen einen Spagat zwischen fließendem Warenstrom und erforderlichen Kontrollen."

Bei der Überprüfung des Reiseverkehrs ist es an diesem Freitagnachmittag ruhig im roten Kanal für anmeldepflichtige Waren. Aus Ländern, die nicht zur EU gehören, dürfen pro Passagier Waren im Wert von 430 Euro mitgebracht werden, wenn deren Einfuhr nicht verboten ist. Ausgenommen sind tierische Lebensmittel wegen der Gefahr des Einschleppens der Maul- und Klauenseuche oder der Vogelgrippe. Beliebte Schmuggelware sind Zigaretten und Goldschmuck.

Mit ganz anderen Dimensionen des Schmuggelns beschäftigt sich die Überwachungsgruppe Rauschgift, die sogenannte Kontrolleinheit 26: Zusammen mit den Hunden Eck und Quo Vadis spüren sie die unerlaubte Einfuhr von Rauschgift auf. Jagdhund Eck schlägt als Aktivhund wild an, wenn seine lange Nase ihm Rauschgift suggeriert, entsprechend wird er im Gepäckkeller eingesetzt. So bei der Prüfung mehrerer Hundert Koffer und Reisetaschen, die in diesem Fall aus der Maschine „TK 1663" aus Istanbul stammen. Allerdings handelt es sich hier nur um einen Dummy, damit Eck ein Erfolgserlebnis hat und nicht die Lust an seiner „Arbeit" verliert. Daneben werden auch Passivhunde wie der Deutsche Schäferhund Quo Vadis eingesetzt, die sich still neben den Passagier oder das Gepäckstück setzen, wenn

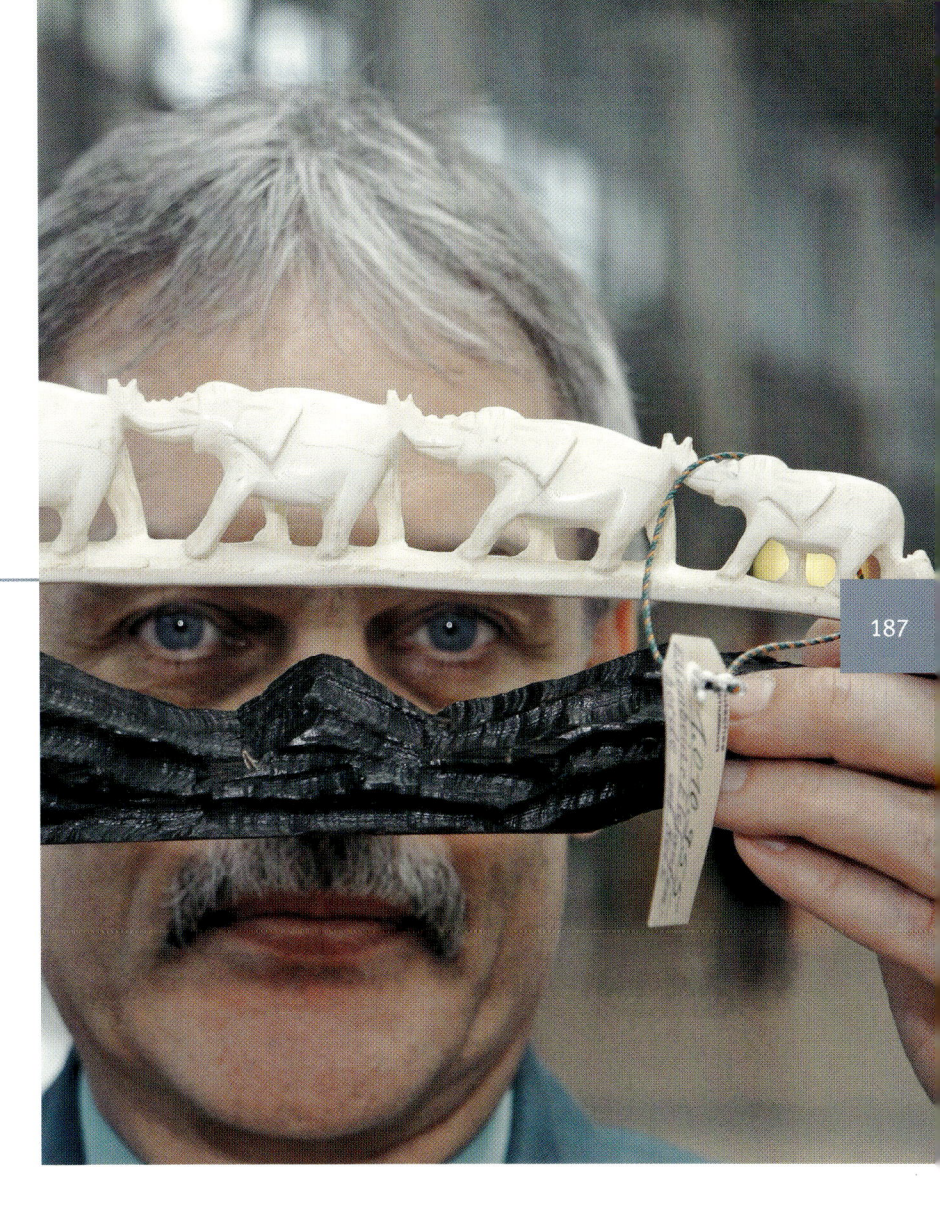

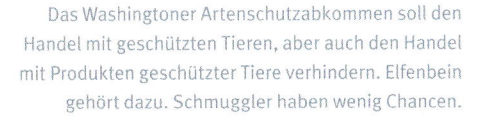

Das Washingtoner Artenschutzabkommen soll den Handel mit geschützten Tieren, aber auch den Handel mit Produkten geschützter Tiere verhindern. Elfenbein gehört dazu. Schmuggler haben wenig Chancen.

verbotene Substanzen erschnüffelt werden. Auch Beamte, die zeitweise in ziviler Kleidung Dienst verrichten, mischen sich unter die Passagiere und achten auf deren Verhalten, wenn sie eine Maschine verlassen und auf dem Weg Richtung Ausgang sind. „Bei auffälligem Verhalten zeige ich meine Zollmarke und bitte den Passagier in einen Kontrollraum", erläutert der Leiter der Überwachungsgruppe, der aus einsatztaktischen Gründen unerkannt bleiben möchte. Bei konkreten Anhaltspunkten werden mögliche Drogenkuriere, die im Verdacht stehen, Fingerlinge mit gepresstem Kokain oder Heroin geschluckt zu haben, sogar ins Krankenhaus gefahren – mindestens ein- bis zweimal pro Woche. Die Zöllnerinnen und Zöllner, die im Reiseverkehr – übrigens auch „undercover" – ihren Dienst am Hamburg Airport verrichten, wissen um die verräterischen Körpersignale, die ein aufgeregter Kleinschmuggler eigentlich unübersehbar aussendet, kennen die beinahe schon lustigen Fehler, die sie (auch unbewusst) begehen: Schweißperlen auf der Stirn, Augenflackern, betont auffällige heitere Unauffälligkeit oder das Tragen einer dicken Lederjacke im August. Hinzu kommt, dass die meisten Reisenden ihre Kaufbelege sorgfältig aufbewahren. Und dann gibt es auch solche Zöllner, die einen Tick haben und komischerweise damit selten danebenliegen: die zum Beispiel auf bestimmte rote Koffer anspringen, so wie der Bargeldspürhund auf Schwarzgeld im Waschbeutel. „Interessant ist, dass es kein klassisches Täterprofil mehr gibt", berichtet Dienststellenleiter Lewitz. „Ob Hausfrau oder Rentner – viele versuchen verzweifelt, ihre Kasse durch Schmuggel aufzubessern."

Doch manchmal ist der Zoll auf Amtshilfe durch die Bundespolizei angewiesen: Wie im Fall eines älteren Ehepaares, das versucht hatte, 800 000 Euro im Koffer ins Ausland zu schmuggeln. Sie hatten nicht gewusst, dass inzwischen alle Gepäckstücke – nicht nur das Handgepäck – geröntgt werden. Die Silberfäden im gebündelten Bargeld verrieten sie.

DIE ZUKUNFT

WELCOME TO AIRPORT-CITY!

DIE ZUKUNFT

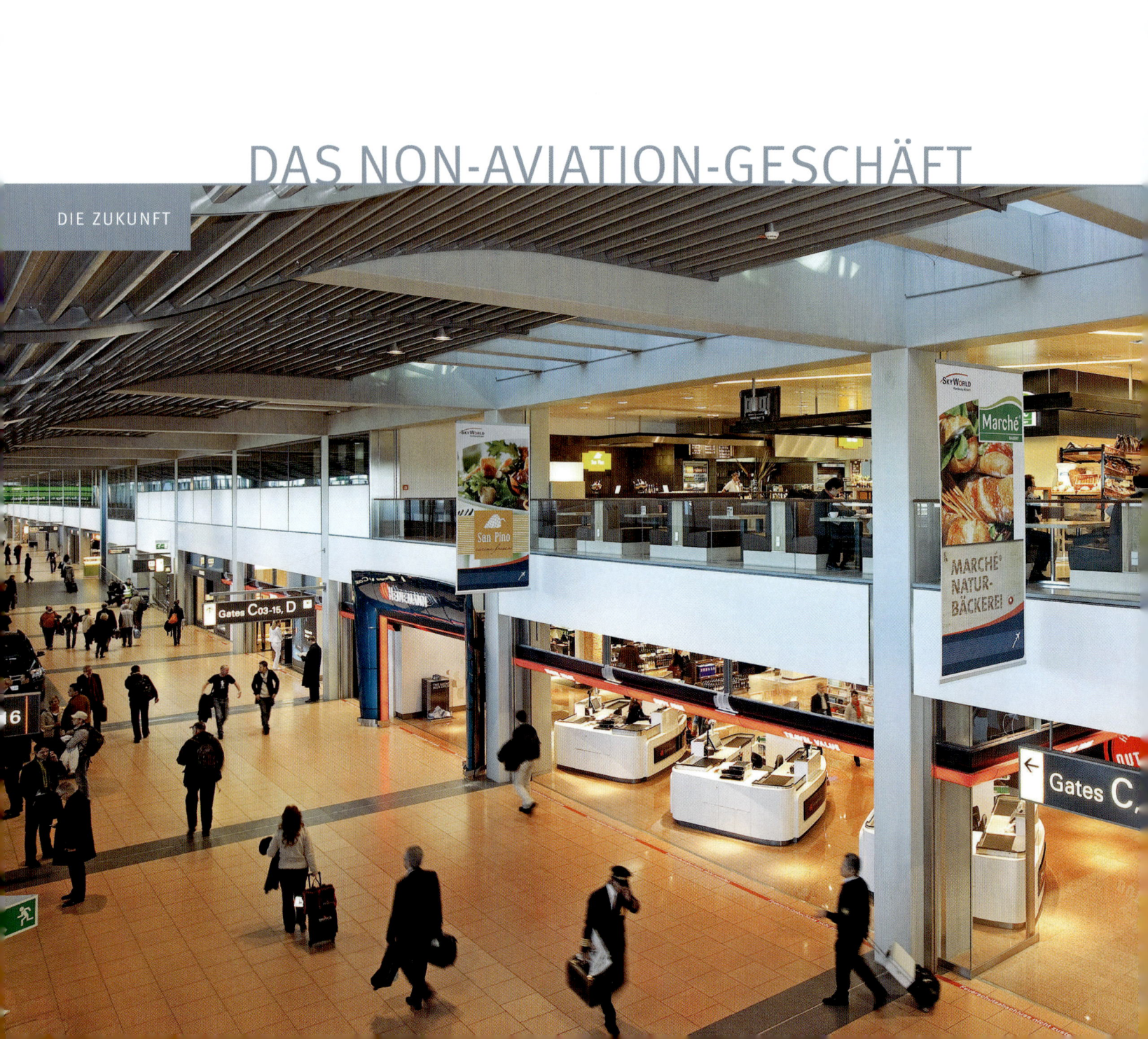

DAS NON-AVIATION-GESCHÄFT

Die meisten Reisenden gehen vor dem Abflug shoppen.

Vom ersten Konzeptentwurf bis zur Vollendung des gesamten Projekts Neuer Hamburg Airport vergingen beinahe 25 Jahre. Während der Hamburger Architekt Meinard von Gerkan in seinem Büro mit unverbaubarem Elbblick die jüngsten Erweiterungsbauten plante, hatte er manchmal an die „charmante, überfüllte Atmosphäre" des Flughafens denken müssen; an „das plüschige Flughafenrestaurant mit den ockerfarbenen Tischdecken und dem tollen Blick raus aufs Vorfeld" in den 1960er-, 1970er-Jahren.

Aber von Gerkan weiß auch, dass die Zeiten für Romantiker vorbei sind: Ein Flughafen ist das räumliche und funktionale Herz einer größeren Airport-City und der Aerotropolis. Die Airport-City ist das Flughafenareal, auf dem die kommerzielle Entwicklung stattfindet; die Aerotropolis, das ist die wirtschaftliche Entwicklung entlang den Transportwegen hin zur Airport-City in ihrem größeren Umfeld – vor allem die Ansiedlung von Unternehmen an einem attraktiven Standort bei der zusätzlichen Berücksichtigung von Freizeit- und Erlebnisangeboten.

Die Architektur des Flughafens, jetzt der eigentlichen „Stadt in der Stadt", darf dabei nicht einer kurzlebigen Mode unterworfen sein, sondern muss durch Beständigkeit überzeugen; sie muss machbar sein und sich dem vorhandenen städtebaulichen Prinzip anpassen. „Im Falle Hamburg Airport", sagt von Gerkan, „gab es die Vorgaben, Abflug und Ankunft auf zwei unterschiedlichen Ebenen zu belassen und gleichzeitig die Sicherheitskontrollen von diesen beiden Bereichen zu separieren und in die Plaza zu integrieren."

Geschäfte, Reisebüros, Apotheke und Banken haben am Hamburg Airport an sieben Tagen in der Woche von morgens bis abends geöffnet.

DIE ZUKUNFT

DIE PSYCHOLOGIE DES AIRPORT-SHOPPINGS

Über 95 Prozent der Passagiere, die ein Shopangebot am Hamburg Airport nutzen, fliegen ab. „Wer ankommt, der nimmt nur noch seine Koffer und will raus. Aber wer auf den Abflug wartet, gerät häufig in die Situation, dann doch Zeit zu haben." Je mehr die Entwürfe Gestalt angenommen hätten, schmunzelt der Architekt, desto häufiger hätte sein Team laut darüber nachgedacht, ob sie da nun eigentlich einen Flughafen bauen würden oder ein Einkaufszentrum.

Dieser Gedanke ist nicht abwegig, sondern im Gegenteil vom Kunden erwünscht: Eindrucksvolle Zahlen von Flughäfen und Drehkreuzen aus aller Welt, die sich bereits als Airport-Citys betrachten oder auf dem besten Wege sind, eine zu werden, belegen, dass inzwischen 30 bis 60 Prozent aller Umsätze, die eine Flughafengesellschaft erwirtschaftet, dem Non-Aviation-Geschäft zu verdanken sind. Denn als Inbegriff von Mobilität und Moderne, verbunden mit positiven Emotionen, sind Flughäfen zum Erlebnisraum geworden – und zum Shoppingparadies. Am besten laufen internationale Top- und Edelmarken. Branchenkenner schätzen, dass der weltweite Duty-free-Markt derzeit etwa 30 Milliarden Euro Umsatz erwirtschaftet, davon rund 12 Milliarden allein in Europa. Und je attraktiver ein Flughafen, desto höher können auch die Er-

BRAUTKLEID OHNE BRAUT

Jeden Tag treffen am Hamburg Airport rund 35 000 Menschen zusammen – kein Wunder, dass sich in der Fundgrube am Hamburg Airport im Laufe der Zeit so allerhand ansammelt, was Passagiere in ihrer Eile vergessen können. Helmut Meyerdierks, Betriebsleiter des Hamburg Airport Office, hatte es bereits mit Kronleuchtern, Zimmerpflanzen oder Autotüren zu tun. Doch das skurrilste Fundstück ist und bleibt ein Brautkleid, das auf einer Herrentoilette gefunden wurde: „Es war offensichtlich gebraucht", erinnert sich Meyerdierks, „leicht zerschlissen und angeschmutzt." Vielleicht sei aber auch genau das der Grund gewesen, warum es nie abgeholt wurde.

---

träge sein, die durch die Vermietung der Shops erwirtschaft werden. Auf diesem dynamischen Markt spielt ausgerechnet ein alteingesessener Hamburger Groß- und Einzelhändler eine – weltweit – führende Rolle. Am Hamburg Airport, wo der Umgang miteinander, auch zwischen Behörden, Fremdfirmen und den 1600 Mitarbeiterinnen und Mitarbeiter der Betreibergesellschaft selbst von allen Beteiligten durchweg als familiär beschrieben wird, spricht man in diesem Zusammenhang nur von „den Heinemännern". Dieses unauffällige Familienunternehmen residiert bereits in vierter Generation in der Hamburger Speicherstadt hanseatisch zurückhaltend ohne Prunk und Protz. „Wir wollen nicht die Größten sein", heißt es „fürnehm", „aber die Schnellsten." Das klingt ein wenig untertrieben, hanseatisch zurückhaltend eben, denn in Wahrheit sind die „Heinemänner" Global Player und rangieren auf jeden Fall unter den ersten drei Anbietern in der internationalen Reise-Shopping-Welt.

1970 hatte Gebr. Heinemann seine ersten Duty-free-Shops eröffnet und 1999 die Marke Travel Value ins Leben gerufen. Im Jahre 2010 betrieb Gebr. Heinemann selbst, als Franchiser oder in Joint Ventures über 179 Travel Value & Duty-free-Shops an 49 internationalen Flughäfen in 19 Ländern, belieferte über 1000 Einzelhändler des internationalen Reisemarktes in 70 Ländern, unterhält Boutiquen auf Kreuzfahrt- und Fährschiffen sowie Bordershops an Grenzübergängen und hat sich mit dem Atatürk Airport Istanbul auch im Center Management inzwischen einen Namen gemacht.

WER ZU DEN GRÖSSTEN GEHÖRT, DARF RUHIG BESCHEIDEN SEIN

Dass Discount am Flughafen heute auch innerhalb Europas noch möglich ist, ist den honorigen Kaufleuten aus dem Kontorhaus in der Speicherstadt zu verdanken. Denn nach dem EU-internen Aus für den zollfreien Einkauf schufen die Gebr. Heinemann mit Travel Value eine Alternative, die den innereuropäischen Reisenden auch nach dem Wegfall der Zollfreiheit ein umfangreiches Markenartikel-Sortiment zu günstigsten Preisen anbot – in 90 Prozent der Fälle unter den Preisen, die in der Innenstadt für die gleichen Produkte zu bezahlen wären. Distribuiert werden die Waren von einem hochmodernen Logistikzentrum in Hamburg-Allermöhe. Von dort verlassen täglich rund 60 000 Sendungen die Hansestadt. Die Aufträge für die Shops melden die Kassensysteme automatisch an das Lager, wo die unterschiedlichen Warengruppen in einem einheitlichen System exakt nach Kundenwunsch konsolidiert werden. Und fehlt in Wien ein besonderer Lippenstift, dann wird dieser von einem Mitarbeiter am Commissioner für die Lieferung bereitgestellt. Diese passgenaue Konsolidierung ist eine besondere Stärke des Unternehmens und hat den Vorteil, dass die Flughäfen keine großen Flächen auf die Lagerung der Waren verwenden müssen. Dass die „interessanten Shops" immer erst nach der Sicherheitsschleuse kommen, stimmt nicht mehr. Jedenfalls nicht am Hamburg Airport, wo auch außerhalb der Duty-free-Welt – in der Airport Plaza – beinahe schon ein

Ob Rundflüge mit der historischen „JU 52", Partystimmung im „Terminal Tango" oder ein Besuch der zahlreichen Restaurants und Bars: Hamburg Airport bietet abseits des Reisens eine spannende Erlebniswelt.

DIE ZUKUNFT

ernsthafter Mitbewerber für die vielen großen Hamburger Einkaufszentren entsteht; kein Wunder bei so vielen Parkplätzen. Auch die große Lebensmittelkette Edeka hat sich in der Airport Plaza eingemietet: In der Grillsaison des Jahres 2010 waren am Sonntagabend die Bratwürste zumeist ausverkauft.

Doch es gibt noch Nachholbedarf, auch in Hamburg. Der Amerikaner John D. Kasarda, Professor für Strategie und Unternehmensgründung und weltweit anerkannter Experte für Flughafeninfrastrukturfragen, untersuchte die Situation einiger Airport-Citys und fand heraus, dass die breite Öffentlichkeit die Entwicklung eines Flughafens zu einer Airport-City weder versteht noch deren eminente Wichtigkeit einschätzen kann. Kasarda hat die Schuldigen für dieses Dilemma bereits ausgemacht: „Das Thema Airport-City wird häufig für lokal- oder nationalpolitische Ziele missbraucht, bei dem die Teilnehmer Missverständnisse und Fehlplanungen ausnutzen… Es ist zum Beispiel immer wieder dokumentiert worden, dass Airports und der Flugverkehr weniger als drei Prozent zum Ausstoß von Treibhausgasen beitragen. Untersuchungen haben jedoch gezeigt, dass die Menschen davon ausgehen, dass es mehr als 40 Prozent sind. Wahrnehmung und Realität stimmen nicht überein, doch die politischen Gruppen und die Umweltbewegung gegen Flughäfen sind einflussreich. Sie haben aber manchmal kein umfassendes Verständnis oder nehmen die Fakten nicht wahr, die zu ihrer politischen Auffassung nicht passen. Das wird zu Einschränkungen bei der Entwicklung von Flughäfen und Airport-Citys führen. Es ist ja nicht so, dass die

Wenn Sie Hamburg nicht nur überfliegen wollen:

Die Metropole in allen Einzelheiten.
Mehr Informationen unter: www.abendblatt.de/abo

Hamburger Abendblatt

1. Wahl ab Hamburg.

Zürich · Mallorca · Rom · Wien · München · Barcelona

Für viele weitere gemeinsame Höhenflüge: airberlin gratuliert dem Hamburger Flughafen!

airberlin.com
Your Airline.

MANFRED SCHÖNHÖBEL, MITARBEITER MODELLSCHAU

Zahlen und Sachverhalte, die gegen Flughäfen genannt werden, alle falsch sind. Deshalb muss man die Argumente der Gegner und Befürworter verstehen. Aber im Ganzen gesehen sind viele der Argumente, die die Gegner nennen, politisch motiviert und basieren nicht auf der Realität." Die Herausforderung liege darin, die Airport-City ökonomisch effizient, räumlich und städtebaulich attraktiv und nachhaltig, also unter Berücksichtigung von Umwelt- und gesellschaftlichen Belangen, zu entwickeln – und sie langfristig in der Öffentlichkeit positiv zu positionieren. Doch genau diese Entwicklung sei an den meisten großen Airports seit den 1980er-Jahren häufig spontan und unattraktiv, aber auch ökonomisch ineffizient verlaufen. Selbst groß angelegte Werbe- und PR-Kampagnen, so Kasarda, reichten nicht aus, dieses Bild zu verändern: „Der Entwicklungsprozess von Airport-Citys muss die Flughafen-, Stadt- und Regionalplanung, aber auch die Gewerbeflächenplanung berücksichtigen."

Schiphol, der Vater aller Airport-Citys, und der Frankfurter Rhein-Main-Flughafen gelten bereits als funktionierende Airport-Citys. Auch der Mittlere Osten macht derzeit einen großen Schritt nach vorn, Abu Dhabi und Katar entwickeln langfristige Airport-City-Konzepte. Die sichtbarste Entwicklung findet jedoch gerade in China statt, mit dem Hong Kong International Airport, in Shanghai und in Peking. Und Hamburg Airport? Auch hier hat man längst verstanden: Das Wachstum zu einer europäischen Airport-City ist keine Option, sondern eine Notwendigkeit, wenn man im 21. Jahrhundert wettbewerbsfähig bleiben will.

Die legendäre Modellschau am Hamburg Airport ist sein Reich. Hier präsentiert er Besuchern den Flughafenbetrieb, beantwortet Fragen und erläutert bisher Unbekanntes. Dass er sich so gut auskennt, ist kein Wunder, denn mit seinen Eltern lebte er bis 1962 auf einem Grundstück, das heute Teil des Flughafens ist. „Das Haus", erzählt Manfred Schönhöbel, „stand ungefähr dort, wo heute die Flughafenfeuerwehr ist." Auf dem 1:500-Modell des Hamburg Airports, seinem Arbeitsplatz, kann er den Besuchern diesen Ort sogar zeigen. Und auch heute noch lebt der Familienvater in unmittelbarer Flughafennähe in Langenhorn. Sein umfangreiches Wissen stellt er seit 20 Jahren täglich unter Beweis: Rund 13 000 Menschen hören ihn pro Jahr über Anflüge, Starts und Landungen und Flughafenabläufe reden, 40 000 Besucher sind es jährlich insgesamt, die das Dreiergespann der Modellschau in die Geheimnisse von Hamburg Airport einführt. Neben den Vorführungen am Miniflughafen begeistert der Mann mit den flotten Sprüchen Groß und Klein auch auf den Vorfeldrundfahrten „hinter die Kulissen der Terminals" und auch auf den Jasper-„Follow me"-Touren, auf denen die Besucher den gesamten Luftfahrtstandort Hamburg, also auch Airbus und Lufthansa Technik, kennenlernen können. Ob sich der ehemalige Loader in der Frachtabteilung nach einem langen Arbeitstag eigentlich nach Ruhe sehnt? „Ach, ich quassel gern, egal, ob bei der Arbeit oder mit den Nachbarn", sagt Manfred Schönhöbel und lacht. Da wirkt sein Hobby, die Koi-Karpfen im Gartenteich, wie eine stille Überraschung.

WIR SIND HAMBURG AIRPORT

DIE ZUKUNFT

Die bekannte Modellschau wurde ebenfalls kräftig modernisiert.